COWBOY BEBOP

KNOCKIN' ON HEAVEN'S DOOR

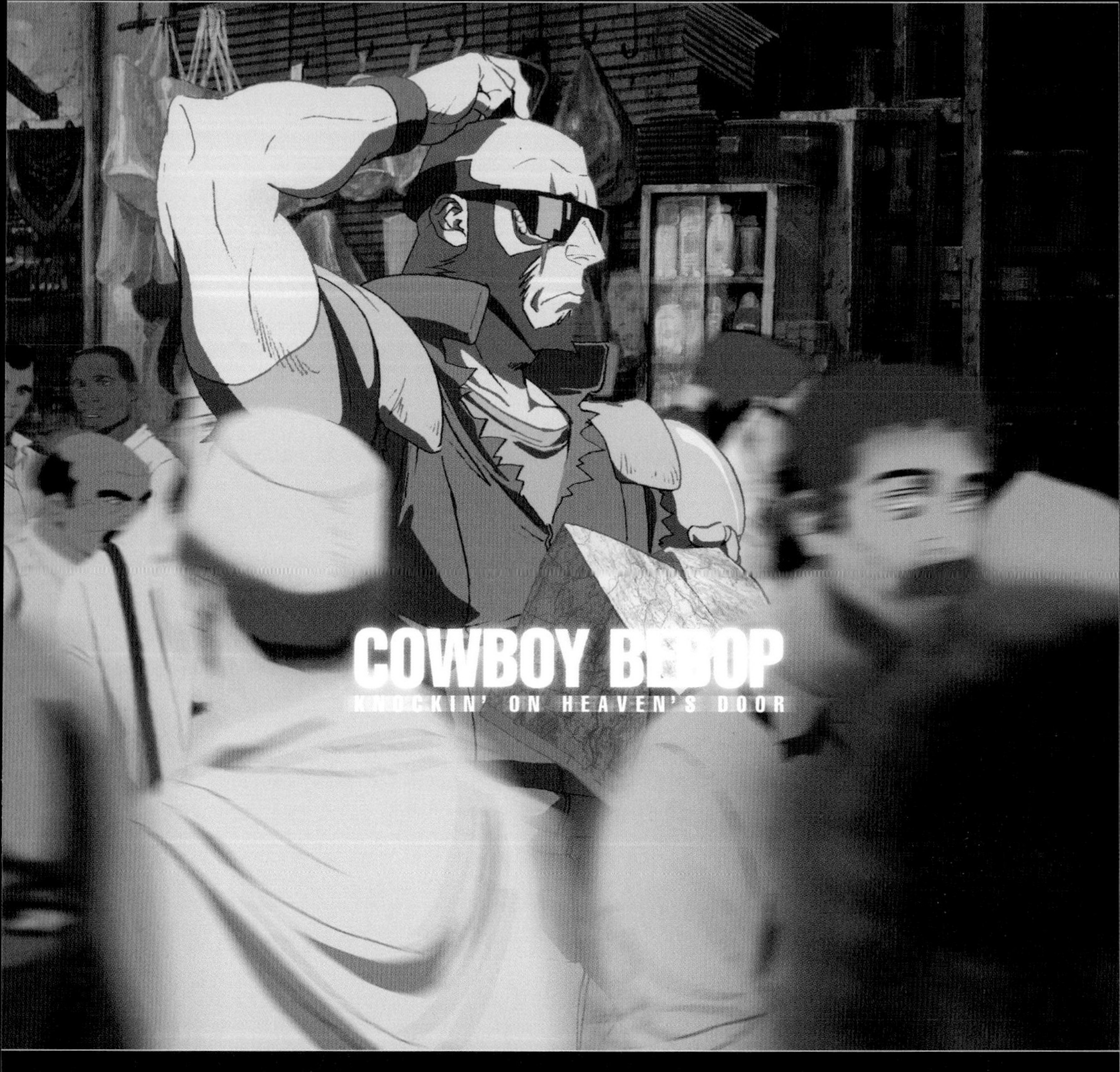

火星のモロッコの時間はゆっくりと流れる。
まるで行く先を失った散歩のように、
クライマックスへ辿り着くのを拒否するかのように、
映画は贅沢に時間を堪能する。
川辺に佇む預言師と狼。
相棒の帰還をまつ男。独房で語り合う男女。
少女と犬。パレードと破壊。
戦いと歌。
煉獄を思う、哀しい目をした男。

幻の蝶――。
優しい雨がすべてを濡らし、魂は浄化される。
さまざまなノイズと脱線を孕みながら、0地点へ。
この映画と、『カウボーイビバップ』という物語は、
こうしてサヨナラ。
ARE YOU LIVING IN THE REAL WORLD?
さあ、我々も帰ろう。
「雨は何をしたの？」
雨上がりには、きっと素敵な虹が出るから。

CONTENTS

ソリタリア球のアップから、ひとり、ソリタリアするヴィンセントへ。
その頭上を蝶が舞う。

スパイク「そいつはただ、一人ぼっちだっただけさ。

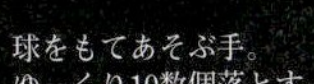

球をもてあそぶ手。
ゆっくり10数個落とす。

自分以外の誰ともゲームを楽しめない……

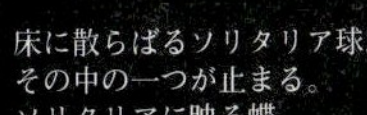

床に散らばるソリタリア球。
その中の一つが止まる。
ソリタリアに映る蝶。

夢の中で生きてるような……そんな男だった」

ソファに眠るスパイク。
ゆっくり寝返りを打つ。
そこにジェットの声が。

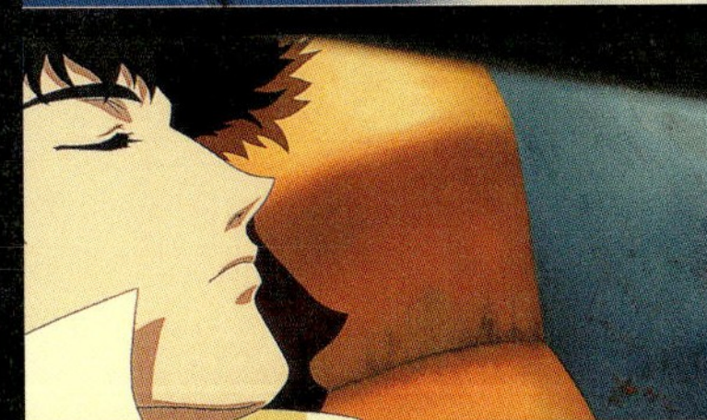

ジェット「スパイク……起きろよ。起きろッ」

拳銃をぶらつかせながらレジに乗り出すレンジィ。

レンジィ「いいか、世の中ってのは煮えたぎった鍋の中みたいなもんなんだ。ドロドロに溶けたシチューの中身はどれが偉いわけでもどれが役立たずでもない。ひとつになってシチューなんだ。ただ、どうしても忘れちゃいけないものがある。なんだか分かるか？」

レジ嬢　「……お肉？」
レンジィ「（ムッとして）誰もがそう思う。だがな……。シチューの素がなきゃ、シチューじゃない。同じ材料でもカレーにだってなっちまうのさ」

ホールドアップしたレジ嬢。シチューの素がある棚を指差し、レンジィは発砲。

レジ嬢　「（おずおずと）シチューの素ならあそこの棚に」
レンジィ「そういう事言ってんじゃねぇんだ！」

Column #001 ヴィンセントが劇中で興じているのは、ソリタリア（語源はSolitary＝孤独の、ひとりのという意味）と呼ばれるゲーム。本来はひとりで遊ぶことのできるゲームの総称（トランプで遊ぶものもある）。スパイクのナレーションと併せて考えると、ヴィンセントという人物を端的に象徴しているかのようだ。

ジェット「(呆れ)とんだ説教強盗だぜ……スパイク、行くぞ」

内部の様子を探っていたジェット。その近くの窓ガラスがレンジィの弾丸によって孔があく。店内を向き、つぶやいたのち、通信機に話しかける。

007

ジェット「3人だ、俺はウラから回る」
スパイク「オーライ」

コンビニに近づくスパイクの足。

008

レンジィ「警察を待っても無駄だぜ、ここのセキュリティは全部わかってんだ。なぜだと思う?」
仲間の強盗C「レンジィ、早くやっちまえよ」

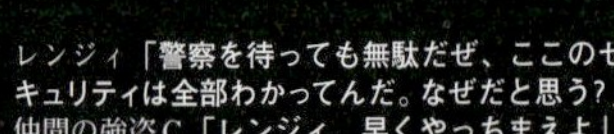

コンビニ店内。

仲間の強盗C、レンジィを向いて発破をかける。

009

010

レンジィ「このマークのセキュリティ会社……

レジのマークを示す銃。

俺はここの社員だったんだよ」
レジ嬢　「はあ」
レンジィ「リストラされて強盗に転職したってわけだ。面白いだろ?」
レジ嬢　「はあ……」
レンジィ「笑えよコラ」
レジ嬢　「ハハハ……」
レンジィ「面白いか?」
レジ嬢　「アハハハハ」
レンジィ「面白いだろ?　ニャヒャヒャヒャ」
レジ嬢　「ハハハハ」
レンジィ「笑いごとじゃねえんだ!」

レンジィの言葉に困惑するレジ嬢。しかし銃を突きつけられ、ヤケクソで笑う。

011

と、いきなり素に戻ったレンジィは再びレジ嬢に銃を突きつける。

強盗A　「おい、今日はもう閉店だ。よそへ行きな……おい!」

012

見張りをしていた強盗Aの前で止まるスパイク。強盗Aは声を荒げるが、スパイクは無言のままスッと下を向く。
つられて見る強盗A。

Column #002　アフレコ現場でスタッフも絶賛したレンジィ役、石橋蓮司の独特の演技(「カレー」の巻き舌発音にも注目!)。あまりの迫力にコンビニ・レジ嬢を演じる桑島法子も本当に怯えていたそう……。

蹴り上げるスパイクの右足。
強盗Ａの視界はそのまま上空へ。

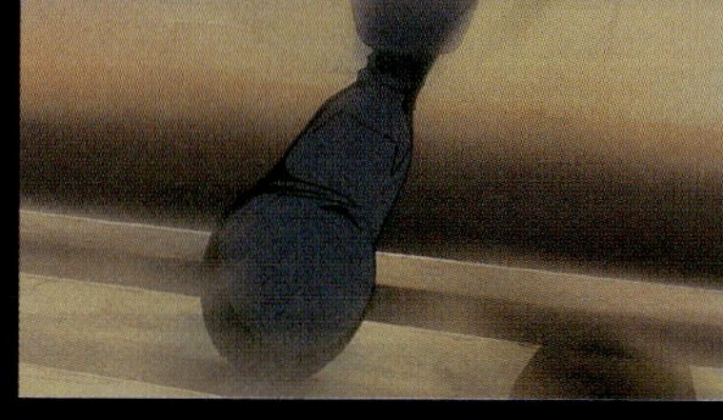

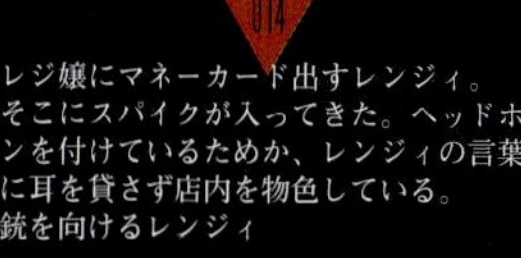

レジ嬢にマネーカード出すレンジィ。
そこにスパイクが入ってきた。ヘッドホンを付けているためか、レンジィの言葉に耳を貸さず店内を物色している。
銃を向けるレンジィ

レンジィ「**わかったらさっさとこのマネーカードに金を……おいコラ、誰だてめえ。おい！聞こえねえのか！**」

仕方なくレジを降りるレンジィ。
レンジィ「**クソッ**」
スパイクに銃を向ける。
レンジィ「**おいっ！　そいつを外して聞けっ！おいっ！**」
と、スパイクはクラッカーを向ける。
スパイク「**コレ下さい**」
突然はじけるクラッカーの前で面食らうレンジィ。

軽快にレンジィを蹴り倒すスパイク。
コーヒーの販売機に倒れたレンジィに、スイッチを押してコーヒーを浴びせる。
レンジィ「**ぐわっ！**」

強盗Ｂ　「**野郎！**」
銃向けて駆け寄る強盗Ｂ。
その銃撃をかわすスパイク。

天井のハッチを蹴り、強盗Ｃの背後に降りたジェット。ハッと向く強盗Ｃの腹にパンチを入れる。
強盗Ｃ　「**うっ！**」

Column #003　「ビバップ」の世界では電子マネーが主流となり、そのやり取りはマネーカードを介して行なわれる。レンジィは、コンビニのレジスターから自分のマネーカードに電子マネーのデータを移せ、と要求しているのだ（ちなみにこの世界の通貨単位は「ウーロン」。１ウーロンは推定約１円）。

棚ごしにスパイクを探す強盗B。
棚に乗り上げてきたところを、その手首を掴んで投げるスパイク。ドーナツの棚に激突させ、飛び散ったドーナツをひとつキャッチ。

ジェット「**スパイク**」

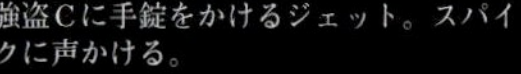
強盗Cに手錠をかけるジェット。スパイクに声かける。

スパイク「**おう、ドーナツはこいつらにツケといてくれ**」

ドーナツを口に頬張りつつ、レジ嬢に話しかけるスパイク。

そのとき、トイレの水洗の音が聞こえてきた。

強盗D　「**ふぅ〜〜**」
スパイク「**ん？**」
ジェット「**ああ？**」

トイレから出てきた強盗D。服で手を拭いながら、周囲の異変にハッとする。

強盗D　「**動くなっ！**」

一瞬固まっていた強盗D。
サッと動いて オバさんに銃を突きつける。

スパイク「**……ジェットさんよ**」

スパイク、ちょっとムッとして。

Column #004　SF作品らしからぬ、コンビニが舞台のオープニング。当初は宇宙のシーンで始まる予定だったが、脚本家・信本敬子の要望でこうなったとのこと。この生活感こそ「ビバップ」の魅力、といったところか。

強盗Dそっちのけで言い争うスパイクとジェット。
強盗Dも必死に絡んでくる。

ジェット「何だ」
スパイク「3人、って言ったよな」
強盗D　「銃を床に捨てろ！」
ジェット「……敵をあざむくにはまず味方から」
スパイク「あざむいてどーすんだよ！」
強盗D　「おい聞け！」
スパイク「（強盗Dを指差して）大体おまえのクソが長すぎんだよ」
強盗D　「やかましい！　こいつが死んでもいいのか!?」

ジェット、しぶしぶ銃を捨てる。

スパイクは銃を出して真っ直ぐに構える。

怪訝な強盗D。オバさんに銃を近づける。

強盗D　「ああ？　聞こえてんのか、オイ。こいつが見えねえのか!?」

対峙する両者。

スパイク「悪ィな、バァさん。俺たちゃ警察でも警備員でもない。市民の命を守る義務なんて持ち合わせちゃいねえ」
強盗D　「何ィ？」

銃を向けるスパイク。

スパイク「不運だったと諦めてくれ」

Column #005　アバン・タイトル（スパイクの独白～コンビニの場面）に続き、"Ask DNA" と共に始まるオープニング。絵コンテと原画を手がけたのは映画「人狼」('00年）で監督デビューを果たした沖浦啓之。彼の特徴である緻密で繊細なタッチが堪能できる。

24hours OPEN

強盗D　「カウボーイか……」
ジェット「おいおい、何言ってんだお前」
オバさん「人でなしー！」

チッとなる強盗D。
奥で乗り出すジェット。
取り乱して叫ぶオバさん。

スパイクに銃向けるD。
すかさず、スパイクの銃が火を吹く。

オバさん「ぎゃーっ！」

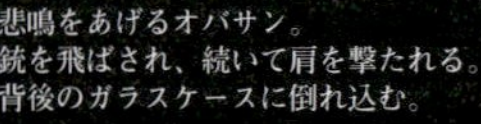

悲鳴をあげるオバサン。
銃を飛ばされ、続いて肩を撃たれる。
背後のガラスケースに倒れ込む。

028

オバさん「……カウボーイだって？　アンタ、一体何モンだい？」

大量の缶が床を転がる。グロッキーの強盗D。
オバさん、スパイクに問いかける。

銃口をフッと吹くスパイク。銃をクルクル回して。

スパイク「ただの賞金稼ぎさ」

正面を向く。

Column #006　オープニング映像ではスパイクがラストに後ろ姿で登場する以外、レギュラーキャラクターはいっさい登場しない。「ビバップ」では名も無き街の人物たちが重要――という意図が、その裏には込められているという。

Ask DNA

A PRODUCTION OF
SUNRISE
BONES
BANDAI VISUAL

BASED ON THE STORY BY
HAJIME YATATE

A PRODUCTION OF
SUNRISE
BONES
BANDAI VISUAL

CHARACTER DESIGN AND ANIMATION DIRECTOR
TOSHIHIRO KAWAMOTO

CHARACTER DESIGN AND ANIMATION DIRECTOR
TOSHIHIRO KAWAMOTO

SCREENPLAY
KEIKO NOBUMOTO

CHARACTER DESIGN AND ANIMATION DIRECTOR
TOSHIHIRO KAWAMOTO

ART DIRECTOR
ATSUSHI
MORIKAWA

MECHANICAL ANIMATION DIRECTOR
MASAMI GOTO
ACTION ANIMATION DIRECTOR
YUTAKA NAKAMURA

MECHANICAL DESIGN
KIMITOSHI YAMANE
SET DESIGN
SHIHO TAKEUCHI

Ask DNA

COLOR DESIGN
SHIHOKO
NAKAYAMA

COLOR DESIGN
SHIHOKO
NAKAYAMA

COLOR DESIGN
SHIHOKO
NAKAYAMA

MUSIC
YOKO KANNO

MUSIC
YOKO KANNO

DIRECTOR OF PHOTOGRAPHY
YOICHI OGAMI
EDITER
SHUICHI KAKESU

CO-DIRECTOR
YOSHIYUKI
TAKEI
SOUND DIRECTOR
KATSUYOSHI
KOBAYASHI

CO-DIRECTOR
YOSHIYUKI
TAKEI
SOUND DIRECTOR
KATSUYOSHI
KOBAYASHI

PRODUCERS
MASUO UEDA
MASAHIKO MINAMI
MINORU TAKANASHI

PRODUCERS
MASUO UEDA
MASAHIKO MINAMI
MINORU TAKANASHI

DIRECTOR OF PHOTOGRAPHY
YOICHI OGAMI
EDITER
SHUICHI KAKESU

PRODUCERS
MASUO UEDA
MASAHIKO MINAMI
MINORU TAKANASHI

OPENING
Ask DNA

Gummed up,brain dead and can't decide
You can't play enough, you can't hide
You can be cool or you can cry
Do it wrong
Not at all
Or do it right

No one owes you,no one's to blame
Save for bad genes or DNA
Ask your conscence the ehy and how
Do it them
Do it When
But, do it now

What's up sweet cakes?
Who's hip anyway?
Earthgirls are easy
What you gonna do lil' buckaroo?
(Hey you,better ask her nice!)
All you gotta do,happy fool,is ask your mom

No,we all can't be Superfly GQPhdFBI
You can pretend and you can try
Move ahead
Lay down dead
Or slip on by

When the truth seems so faraway
Buddha loves you and Jesus saves
You need answers for your dismay

Ask yourself
Ask your mom
Ask DNA

What's up sweet cakes?
Who's hip anyway?
Earthgirls are easy
What you gonna do lil' buckaroo?
(Hey you,better ask her nice!)
All you gotta do,happy fool,is ask your mom

kamakamakama ask your mama
Super groover mama Dahli Lama

What's up sweet cakes?
Who's hip anyway?
Earthgirls are easy
What you gonna do lil' buckaroo?
Come on!

What's up sweet cakes?
Who's hip anyway?
Earthgirls are easy
What you gonna do lil' buckaroo?
(Hey you,better ask her nice!)
All you gotta do,happy fool,is ask your mom

火星に降下中のビバップ号内。イスに寄り掛かるスパイク。

スパイク「早く打てよ、ジェット」

ジェット「急かすな」

ジェット、指で駒の動きを読んでからやっと手を伸ばす。

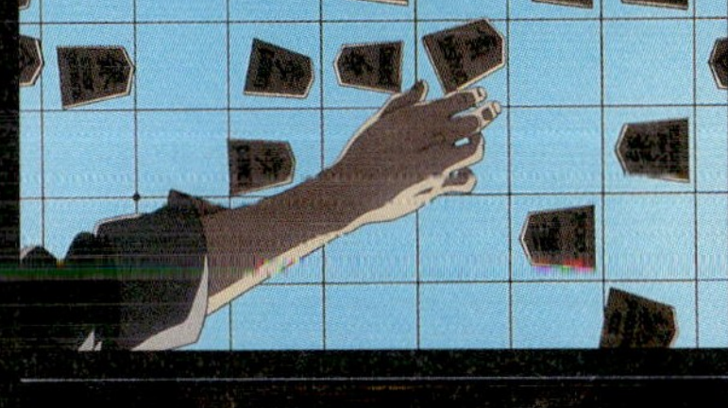

将棋の歩を進めるジェット。
しかし、間髪入れずスパイクの一手。

驚いて顔を上げるジェット。

奇声あげつつ頭を出すエド。
それを見つつ、何事もなく続ける2人。

ジェット「ん？……お前、少しは考えて打ってるのか？」
スパイク「早くしろ」
ジェット「いいか、このショウギーってのはな、百手先まで読んで初めて打つべき手が見えてくるもんなんだ」
スパイク「(あくび)」
エド　　「んにゃー！　ヒョー！」
ジェット「……“敵の打ちたいところへ打て”。それがこのショウギーってやつの極意だ。ただ考えなしに打ちゃいいってもんじゃ……」

ジェット、盤を見つつ「む？」となる。
スパイクの打った駒を叩き。

ジェット「俺はここに打ちたいんだ」

イスをクルリと回す。

スパイク「待ったはなし、もショウギーのルールだろ」

Column #007　スパイクとジェットが興じているのは「ショウギー」(発音が通常の「将棋」とは異なっているのに注意)。ヴィンセントがソリタリア、ハッカーのリーが携帯ゲームと「1人用」のゲーム、対してスパイクとジェットが将棋という「2人用」のゲームをしているのは示唆的だろう。

ジェット「まったくもって適当な男だな。いいかスパイク、このショウギーってやつには性格が出るんだよ。いつもそうやって、その場のノリとか思いつきで行動してるだろ」
スパイク「早くやれよ」

憮然と説教するジェット。
うるさげに耳ほじるスパイク。

ジェット「お前……あの時、人質が撃たれたらどうするつもりだった」

鋭く睨み、低く言うジェット。

スパイク「そん時ゃそん時」

スパイク、飄々と。

041

ジェット「まったく、たかが125万の賞金首にリスクが大きすぎるんだよ。賞金稼ぎなんて仕事は聞こえより地味なもんだ……

呆れるジェット。と、アインがやって来てモニターの上に乗った。

お前と組む前はもっと安定した生活してたよ」
アイン　「クーンクーン」

アイン、駒を動かす。

042

ジェット「ああ？　おお！　そうそう、そうしようと思ってたのさ。どうだスパイク」

ジェット、驚いて嬉しそうにヒザを打つ。スパイクの顔をのぞき込んで。

Column #008　「ジェットたちが遊んでいる『ショウギー』ですが、未来の火星では、将棋が間違って伝わっている、という設定です。いろいろと勘違いしていますが、本人たちは正しいと思い込んでいるようです」（渡辺監督）。

スパイク、寝てる。

スパイク「(いびき)」

顔を上げるエド。

エド　「はっけん、はっけーん！　んにゃにゃー！」

火星のクレーター都市に降りるビバップ号。エアカーテンを抜け、雲間から地表へと降下していく。

レッドテイルのモニター。ラジオを選局する指。お気に入りが見つかったようだ。

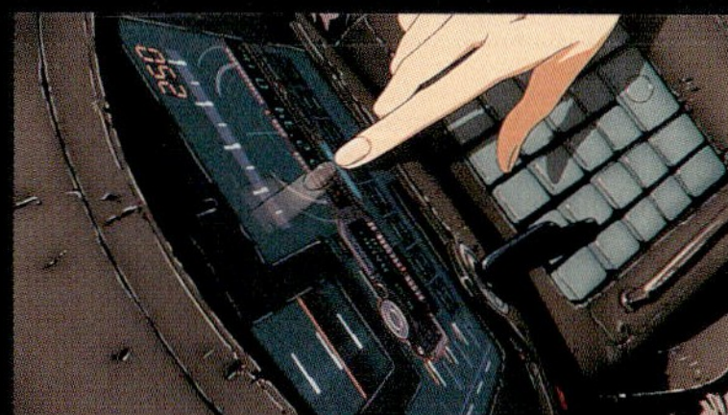

リズムとるフェイ。と、そこに通信が入る。

モニターに映るエド。

エド　「フェイフェイー、ピンポンだよー

Column #009　フェイ機のラジオから流れる曲——という状況設定で使われている"Cosmic dare(Pretty with pistol)"。チューニングしている最中、世界各国の言語による放送がわずかだが聞き取れる。多言語社会だけに、おそらくラジオ放送局だけでも何百局存在するのであろう。

んとねー、12号線の８番料金所とおって街のほうに行ったよー」

ビバップ号のエド。

フェイ　「オッケー、車と賞金首を送って、エド」
エド　「あいあい～」
フェイ　「……未成年か。ガキのお守りは苦手なのよね」

フェイ、エドに賞金首リーのデータを送らせる。モニターに映し出されたリーを見て、フェイは苦い表情に。

そのままレッドテイルで高速道に降りる。追跡を開始。

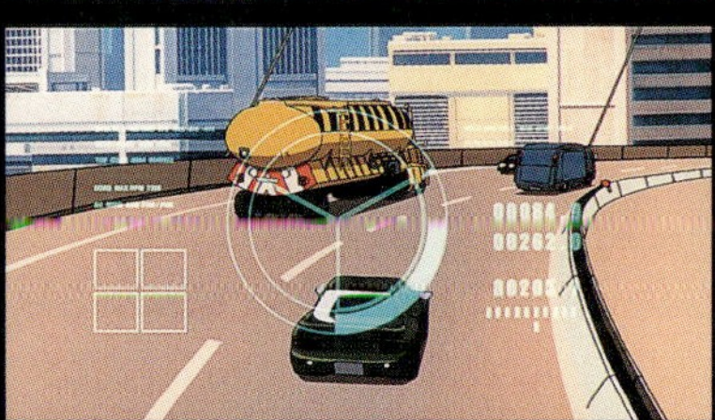

高速道路上を飛行して、データと同じタンクローリーを発見したフェイ。近づいていくと、タンクローリーは路肩に停車する。

レッドテイルを停止させ、怪訝に見下ろすフェイ。その目の前で男が下車する。

フェイ　「違う？」

モニターの賞金首と見比べるフェイ。

タンクローリーの前を歩いていく男。

055

Column #010　ヴィンセントの登場シーンの不安感を煽るのが、ダークで抽象的な曲“爆発した”。ハッキリした旋律やリズムもなく、どちらかといえば曲というよりSE（効果音）的なもの。タイトルはあくまでも便宜的なものなので、サントラに収録されない曲にはこうした直接的な題名が多い。

突然、高速道路上で爆発炎上するタンクローリー。周囲は煙に覆われていく。

コクピットから男を探すフェイ。その視線が、やがて男をとらえる。ただならぬ気配に息をのむ。

見られているのを知ってか、振り返ってニヤリと笑うヴィンセント。

ヴィンセントは高速道路上から飛び降りる。フェイが機体を下降させのぞき込んでも、そこには誰もいなかった。

火星の海に着水したビバップ号の中では、爆発事件を伝えるTV放送が中継されていた。

画面には、負傷者の搬送のようすが映し出されている。

ニュースキャスター「CBCニュースの時間です。まずは本日のトップニュースから——。今日午前10時すぎ、アルバシティ首都第７高速レッドヒルズ付近で起きましたタンクローリーの爆発事故は、死者72名、重軽傷426名を出す大惨事となりました。それでは現場からライリー記者が報告いたします」

現場中継するライリー記者。モノシップが洗浄液を撒き、消防車が洗浄液を放水している場面が映し出される。

ライリー「はい、こちら現場です。現在、事故車の撤去作業とともに現場の洗浄が行なわれています。事故直後から付近約３キロ圏内にいた人々が次々に意識を失い倒れるといった事態に、一時一帯はパニック状態となりました。しかし、事故から3時間が過ぎた現在はようやく落ち着きを見せはじめています」

Column #011 ニュース番組のBGMとして使われている“23話”は、そもそもTVシリーズのセッション#23で登場するニュース番組用につくられた曲。それをそのまま流用している。

ニュースキャスター「タンクローリーに積載されていたものが毒物の可能性があるということですか？」
ライリー「はい、警察ではなんらかの化学薬品による爆発、あるいは生物兵器の使用も考えられるとして、現場付近への立ち入りを禁止しています」
ニュースキャスター「爆発の原因は特定できたんでしょうか」
ライリー「現在、まだ詳しいことはわかっていません。ただ……

街々の巨大モニターなどでニュースが放映されている。人々は関心深そうにニュースを見つめている。

事故を起こしたタンクローリーなんですが、盗難届が出されており、何者かによるバイオテロの可能性が高いと、警察では見ているようです。以上、現場でした」

タンクローリーのデータを流すニュース、

ジェット「どこもこのニュースだな」

火星の港に入ったビバップ号。スパイクとジェットはテレビを見ている。

スパイク「デジャブ、かな」
ジェット「あん？」
スパイク「たしか……

と、スパイクが恨めしそうな声を出した

昨日の夜もカップラーメンだったような気がするんだが……」

テーブルにはカップ麺が。

ジェット「寝ぼけたこと言うな、昨日も一昨日も３食カップラーメンだったろうが。忘れたのか」
スパイク「そうか……夢かと思ったぜ」
ジェット「他のモンがよけりゃあ、いろいろあるぞ。カップうどんにカップそば、ヒモを引いたら５秒でアツアツだ。カップ寿司なんてのもあるが、賞味期限が一年ほど過ぎてるな。それでもよけりゃあ……」
エド　「いったらきまーす」
アイン　「ワン！」

ジェットはスパイクの気持ちを知ってか知らずか、段ボール箱から次々とカップ食品を取り出す。その背後、階段からエドとアインが下りてきた。

パシュ！とカップ麺の紐引くスパイク。

067

Column #012 入魂の作画で描かれたカップラーメン。原画スタッフには、わざわざ「かっこいいアングルで、メカもののように煙を出して下さい」と指示が出されていたようだ。パッケージも一度平面でデザインしたものをコンピュータ上で丸めて貼りつけ、きちんと円形パースを取っているという。なぜそこまで……？

床でカップラーメンを食べているエドとアイン。アインも器用に麺をすすっている。

スパイク、箸を割りつつ、麺をしげしげと見ながらひとりぐちる。

スパイク「人間ってのは炭水化物ばっかり食ってちゃダメなんじゃねえかな。蛋白質が必要なんじゃねえか？」
ジェット「なんの話だ」
スパイク「肉はうまいって話さ」

しかたなく麺をすするスパイクに、ジェットがニッと笑いかける。
スパイクは黙々と食う。

ジェット「今度はあんなザコじゃなくて、もっと大物を捕まえるんだな」

ドアが開く音とともにフェイが帰還。

ジェット「おい、フェイ。そっちはどうだ」
フェイ　「どうもこうもないわ、聞いてくれる？」

リビングに降りてきたフェイ。煙草に手を伸ばしつつ、テレビのニュースに気づく。

ジェット「チョロいハッカ　だから競馬のついでに軽く捕まえてくるとか言ってなかったか？」
フェイ　「妙な爆発に巻き込まれちゃってさぁ　あ、　本もらい　　馬は負けるし、ロクなことないわよ。あ、これこれ」
ジェット「お前、ここにいたのか！」

テレビに近づいていくフェイ。熱心に見ているうちに、ふと背後に違和感を覚える。

フェイ　「へーえ、結構な事件だったんだ……ふーん、ウィルス……あらら、化学兵器ねえ、へーえ……ん？」

Column #013　食糧難はビバップ・クルーの象徴。TVシリーズでもセッション#1から「肉なしチンジャオロース」についてスパイクとジェットが議論している。やはり宇宙時代になっても肉は高価なのだろうか……？　今回の映画では、タンパク質で出来たナノマシンに対する伏線にもなっている。

フェイ　「ちょっと、何それ？　あんたたち、ちょっとアインまで」
エド　　「えんがちょ、ばいきんまーん」
フェイ　「何よそれ！」
スパイク「うわ、やめろッ」
アイン　「ワン！　ワン！」

フェイから離れる一同。ムッとしたフェイは皆に突撃する。真剣に逃げる一同。すると、アインがテレビに向かって吠えた。

ニュースキャスター「なお、火星政府はこの犯人に3億ウーロンの賞金を懸けると発表しました」

075

スパイク、ジェット、フェイ「3億!?」
エド　　「んにゃー？」

驚く一同。

ISSPの病院にやってきたホフマンとシャドキンス。事件の被害者がいる治療室の前を通る。

被害者の１人は、まるで目に見えない何かを追うように手を空中に伸ばしていた。

解析班A「どういうことだ……」
解析班B「そっちもか……」
解析班A「ああ……」

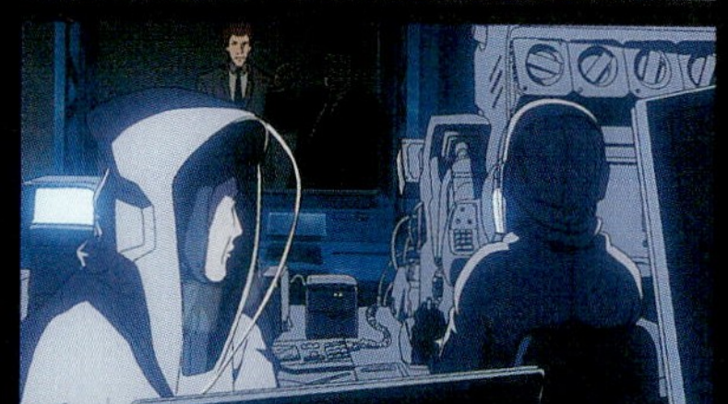

解析室で会話する解析班員。怪訝な顔で会話を交わしている。
そこにホフマンがドアをノックし、外に出るよううながす。

Column #014　治療室のベッドで寝ている男。そのうちのひとりが、まるで何かをつかむかのように天井に向けて手を差し出している。何かの「幻」を見ているのだろうか……？

廊下で待つホフマンとシャドキンス。
そこに解析班Aがやってくる。

080

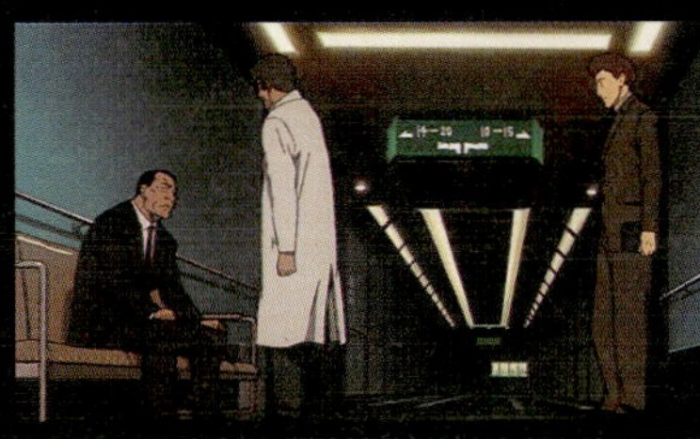

ホフマン「どうだ」
解析班A「どうもこうも、あんな症状は見たこともないよ。ほとんどの患者に脳圧亢進症状が見られるが、原因となる外傷はなし。まったく原因がわからん」
ホフマン「……俺にはもっとわからんぞ」
解析班A「運びこまれた時点では、どの患者もリンパ球の値に上昇が見られたんだが、いまは皆、正常値に戻ってる。症状は悪化する一方なのに……」

並んで座るホフマンと解析班A。

081

ホフマン「天然痘やエボラとは違うのか」
解析班A「神経ガスや既存のウイルスでもない。そもそも判断出来ないんでね」
ホフマン「どういうことだ？」
解析班A「痕跡が何も見つからない。遺体からすら、何も出てこない」

厳しい表情でつぶやく解析班A。

082

解析班A「考えられるのは、新種のウイルスか…未知の生物兵器…あるいは……何かとんでもない力が……」

話の途中、思いきりクシャミするシャドキンス。
解析班Aはやや憤慨しながら去る。

083

シャドキンス「ひ……ひ……は……ハークション！　あ…すいません。花粉症なもんで」
解析班A「……」
シャドキンス「いや〜、花粉症なんてとっくに絶滅した病気だと思ってたんですけどね。きっとこれもウイルスかなんかの一種で……誰かがバラまいたりしてんのかも知れないですよねえ。あ、ここ、禁煙ですよ」
ホフマン「なめたマネしてくれるぜ」

タバコをくわえようとするホフマン。
シャドキンスに注意され、パシッとライターを消してひと言。

084

ビバップ号リビング。
エドがフェイのディスクを解析する。

085

スパイク「本当に大丈夫なんだな」
フェイ「大丈夫じゃなかったら、どのみち道連れよ」
エド「出たよー」
ジェット「バイオテロか……スパイク、お前も見ろよ」
スパイク「乗らねえな」
フェイ「言っとくけど、情報料は安かないわよ」
ジェット「わかったよ、早く見せろ」
フェイ「貴重な情報なんだから」
ジェット「エド、やってくれ」
エド「あい〜」

Column #015　この映画でシャドキンズが最後まで悩まされている花粉症。これは現在の地球の花粉症とは微妙に違い、火星杉の花粉が原因、という設定らしい。

フェイ　「こいつがハッカーのリー・サムソン。500万の賞金がかかってんの。で、こいつが使ってた架空名義のカードを突き止めたんだけど……」
ジェット「どうやって？」
エド　　「カード会社にハッキングしたの～」
フェイ　「それで、この車がカードを使ったんだけど、いきなり爆発しちゃって……おまけに乗ってたのはリーじゃなかったわ。仲間かもね。あ、こいつ、この男」
ジェット「んん～？」

モニターに映るリーのデータ。

画面はカード情報からタンクローリーの映像へと変わり、フェイ機が撮影したヴィンセントの画像になる。

ジェット「よくわからんな……」
スパイク「たいした情報だぜ。こんなボケた絵ひとつで捕まえられるっていうのか？」

モニターに目を凝らすジェットと、関心なさそうなスパイク。

フェイ　「何よ、あたしの頭ん中ではハッキリ覚えてんだから」
エド　　「ハイこれ～」
フェイ　「え？」
エド　　「このペンでね～、モニターにカキカキできるよー」

ムキになるフェイに、ペン差し出すエド

ジェット「だいたい、こいつが犯人かどうかわからんじゃないか。それに、マスクもせずにそこにいたんなら真っ先にやられてんだろ」
フェイ　「あの男は、死んでないわよ」
ジェット「なんでわかる」
フェイ　「私の……カンよ」
ジェット「カンねえ」

モニターに似顔絵を描くフェイ。スパイクも身を起こして見守る。

フェイ　「できた」
一同　　「ん？」
ジェット「なんだこりゃ？」

描き終わったフェイの絵。

ジェット「アバンギャルドな顔、つうか……」
エド　　「はにゃー……」
スパイク「ハハッ、こいつはいい。この絵で捕まえられたら俺が賞金払ってやるよ」

モニターをのぞき込んで呆れる一同。フェイはピクピク。

Column #016　フェイが描く衝撃的なヴィンセントの似顔絵。「素人の描くヘタな似顔絵」を忠実に再現（!?）するため、スタッフの親類やスタジオに訪れた取材陣、果ては近所の中華料理店のオバさんにまでイラストを描いてもらったという。方法は、ヴィンセントの原画を一瞬だけ見せ、その場で描いてもらうというもの。

怒って立ち上がるフェイ。
見送る一同。

と、スパイクだけが違う反応。

092

フェイ　「あ、そ。いいわよ、もう結構です。ひとりで捕まえてやるわッ」
ジェット「やれやれ、時間の無駄だったな」
スパイク「……ウィルスあたりから探ってみるか」

階段を上り、ハッチの前のスパイク。

ジェット「なんだ、やる気になったのか？」
スパイク「女のカンってやつは、意外とバカに出来ねぇぜ」
ジェット「しかし」
スパイク「たまにはカップに入ってないモン、食いたいしな」

街角を歩くスパイク。
赤から青に変わる信号。
道ばたのＴシャツ売り。

子供のボクシングの相手をするスパイク。
そのあとはベンチで一服。

モロッカンストリートに辿り着く。

ポーカーする三爺。
アントニオ「昔はよう飛んだわなー」
カルロス「ああ、飛んだ飛んだ」
ジョビン「また飛びてぇわな、こうグーンとよ、土星あたりまでな」
カルロス「吹くなっちゅうの」
アントニオ「お前が乗ってたのは、畑に農薬撒くプロペラだろうが」
ジョピン「ほうじゃったかのう……」
スパイク「ちょっといいか？」　三爺「んん？」
スパイク「聞きたいことがあるんだが」
アントニオ「ワシらは耳が遠いから無理だ」

Column #017　モロッコでのロケハンの成果がふんだんに生かされているモロッカンストリートの風景。ラシードと共に歩くスパイクのあとを追いかける子供たちは、実際モロッコでロケハン隊が出会った子供がモデルという。

Diggin

MUSAWE

スパイク「豆屋を知ってるか？」
カルロス「豆ならそこらじゅうどこでも売っとる」
スパイク「そこらじゅうで売ってない"豆"を売ってる店だ」
アントニオ「警察はお断りだ」
スパイク「俺が警察に見えるか？」
ジョピン「どっちかっつーとヤクザかのう」
カルロス「どっちも似たようなもんじゃ」
スパイク「賞金稼ぎだよ」
アントニオ「なんだカウボーイか」
ジョピン「ワシらも昔はそうじゃった」
スパイク「なら話がわかるな」
アントニオ「もっとお断りだ」

三爺に聞き込みするも、すげなく断られる。

094

095

ラシード「豆屋探してるのはあんたか」
スパイク「目に見えないほどの豆もあるか？」
ラシード「もちろんだ。モロッカンストリートにはなんでもある……

だからここに来たんだろう？」

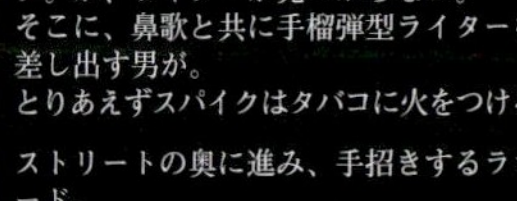

柵に座ってタバコを吸おうとするスパイク。が、ライターが見つからない。
そこに、鼻歌と共に手榴弾型ライターを差し出す男が。
とりあえずスパイクはタバコに火をつける。

ストリートの奥に進み、手招きするラシード。

096

通行人A「（以下アラビア語）ハイ、ラシード」
ラシード「ハイ」
マホメッド「おお、ラシード、久し振りだ」
ラシード「元気か、マホメッド」
マホメッド「何やってんだ」
ラシード「ちょっとな」
通行人B「おう、ラシード」
ラシード「ハイ」
入れ歯屋の店主「ラシード」
ラシード「おう」
入れ歯屋の店主「入れ歯どうだ？」
ゾーフィ「ラシードじゃないか」
ラシード「ゾーフィか」
ゾーフィ「お茶でも飲んでくか？」
ラシード「また後でな」

行き交う通行人に挨拶するラシード。

ラシード「ピスタチオいるか？　アーモンドは？
こいつはカラバル豆だ。浮気した女房の不貞を裁く豆。正しい者は一気に食う。そうすればむせて吐き出すから助かる。悪い者はおそるおそる食う。ゆっくり食うと毒がきいて苦しむ。だからわかるのだ」

豆屋の前で立ち止まるラシード。
つられてスパイクも止まる。

スパイク「俺は女房なんていねぇよ」
ラシード「それは幸せだ」
スパイク「俺が知りたいのは」
ラシード「ソラマメ、ダメ。ピタゴラスはね豆感受性のおかげで死んだ。豆、甘く見ちゃいけない」
スパイク「……探してるのは、タンクローリーの事故で使われた……ウイルスだ」

スパイクに説明しながら、豆を手にとってボリボリ食べる。
なかば呆れているスパイク。

Column #018　珍妙なやり取りが繰り広げられる豆屋の前。モデルとなる店も実在するらしい。「店番の人形は実はロボットで、万引きをするとどこまでも追いかけて来ます」（渡辺監督）とのことだが、モデルとなった店の人形はもちろんロボットではない。

唐突にスパイクに尋ねるラシード。

ラシード「あんた悪魔信じるか？」
スパイク「あ？」
ラシード「あらゆるものが存在する中で、人はなぜそれ以上のものを空想するかわかるかね？

豆を手に取り、手を閉じ、クルリと回して開くと、そこに豆はない。

……人はなぜ空を恋しがり、宇宙を飛びたがるのか、それは――昔は空を飛んでいたからだ」
スパイク「……ここはヤクも売ってんのか？」
ラシード「空想出来るものは、存在出来るものなのだ。　たとえ目には見えなくてもな」

鋭い表情で尋ねるスパイク。

スパイク「ウィルスはあるんだな！」

ラシード、笑いながら答える。

ラシード「……あれは、ウィルスなんかじゃない」
スパイク「ああ？」

手招きして歩き出すラシード。
路地を歩き、半地下の狭い入り口をくぐると、そこは骨董品屋だった。
店主　　「やあラシード、いい壺が入ったんだ。これはあんたにぴったりの壺だ」
[illegible]
[illegible]
店主　　「ああ、これはあんたにぴったりの壺だ」
スパイク「どうぴったりなんだよ？」

No money

Column #019　ラシードが口ずさんでいる（？）"No money"。歌い出しから途中までは英語で歌われているが、後半からはモロッコなまりのアラビア語で歌われている。アラビア語で歌っているのはN.Y.在住のアラビア人Hassan Bohmide。

ラシード「ぴったりなものは手に入れといたほうがいい」
スパイク「おい、俺は買い物をしにきたわけじゃねえよ」
ラシード「あんたはいい買い物をした。では」

“ぴったりの壺”をスパイクに強引に手渡すラシード。

スパイク「おい、待てよっ」
ラシード「インシャラー」
スパイク「おい、待て、おい！ ……ええいっ」

さっさと去るラシード。
追いかけるスパイク。
そこに、4時を示す時計の鐘が一斉に鳴る。

壺を持って路地に出るスパイク。しかしそこにラシードの姿はない。

スローモーション。
周囲を見渡すスパイク。そこに、ある女を発見する。

ジュラバを巻いた女。スパイクは何かを感じ取ったのか、女を凝視する。

すれ違うスパイクと女。

Column #020 のちに明らかになるように、エレクトラはDr.メンデロの行方を探す火星軍のスパイと接触するため、変装してモロッカンストリートに潜入していた。スパイクとの印象的なファーストコンタクトは、ヴィンセントとフェイの高速道路上での出会いと対応するかのようだ。

スパイクがハッと振り向くと、

そこに女の姿はなかった。

111

夕闇。
ヴィンセントの車の助手席で携帯ゲームに興じるリー。
無言のヴィンセント相手にひとりで喋っている。

112

リー「いいよー、やっぱ20世紀のゲームは。いやさ、もうイマふうのゲームとかすっかり飽きちゃってさぁ。こういうオールドスクールに最近ハマッてんだよね……。でもいいよなぁ、昔はこんくらいので充分だったんだよなぁ。ハッカーだってそうだよ。いやマジで、キャプテン・クランチの時代はよかったよ。あんなちょっとしたことで歴史に残っちゃうんだもんなあ……。いまじゃ、どこもプロテクトは固いし、よっぽどのことでもやんないと目立たないよ。だからさ、アンタには感謝してんだ。いやマジで、一度やってみたかったんだよねぇ……テロリストってやつをさ」

誰ともなくつぶやくリー。

検問中に気づき、スピードを落として近づくヴィンセントの車。
車内ではリーがゲームでミスし、ゲームキャラが天国に行く。

リー「あ……あー あ……死んじゃった」

114

車内をのぞき込む警官。
ヴィンセントは懐から拳銃を取り出す。
ダーンという銃声が倉庫街に響く。

警官「免許証を出して。どこへ行くんだ？　この先はずっと倉庫街ぐらいしか……!!」

Column #021　リーが遊んでいる「オールドスクール（古い）」ゲーム。目立たないが、BGMもキチンと作曲されたものだ。また、ゲームオーバーになったとき、リーの操っていたキャラが天国にいく画面も一瞬映っている。このように、この映画には「天国」を想起させるメタファーが随所に潜んでいる。

リー「あーあ、死んじゃった……」

警官を射殺し、車は走り出す。
振り返ったリーが平然とつぶやく。

映画のワンシーン。西部劇。

ボブ 「目に見える敵が相手なら保安官も楽な商売だ」
ジェット「で、タンクローリーの中身はなんだったんだ」
ボブ 「何も出ないんだ、これが」
ジェット「どういうことだ」
ボブ 「そういうことさ、結局目に見えない見たこともねえもんらしい」

ドライブイン・シアターでスクリーン見ながら語り合うジェットとボブ。

ジェット「こいつは？」
ボブ 「三日前アステロイド近くで宇宙トラックが見つかった……」

ボブは運転席のモニターにディスクを入れる。
映ったのは宇宙トラックの残骸。

ドライバーは即死、それで積荷がカラと来てりゃ」
ジェット「強奪事件か」
ボブ 「トラックの持ち主はチェリオスメディカルっていう製薬会社なんだが、そこは行方不明の捜索願すら出していなかった。何かヤバい物でも積んでたんじゃないかって、もっぱらのウワサだったんだ。そこに例のタンクローリーの事件だろ」
ジェット「におうな」
ボブ 「製薬会社にしちゃ妙にガードが固いしな」

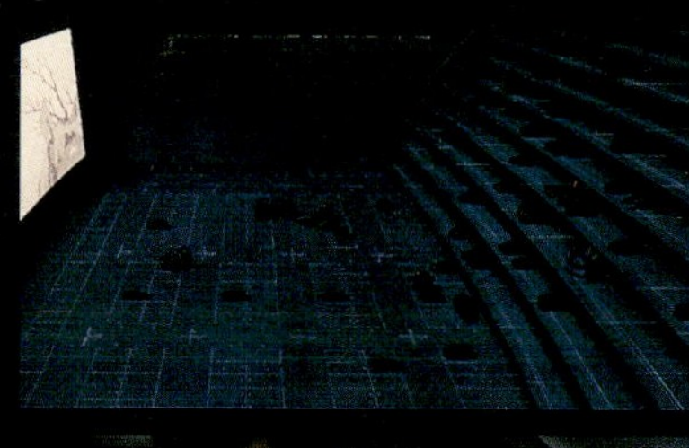

ドライブイン・シアターにはモノシップがポツポツと並ぶ。
語り合うジェットとボブ。

ジェット「なんで強行捜査しねえんだ。別件でもなんでも入りこめるだろ」
ボブ 「お前がいたころとは変わったんだよ。ISSPもいまや、肩書ばかりの張りぼて組織さ。偉いさんは自分の出世にしか興味がねえし、下っ端はヤクザに目こぼしして小使い稼ぎ。こっちも突つかれるとヤバイのさ……腐ってるよ」
ジェット「……変わってないさ。だから辞めたんだ」

ISSPの腐敗を嘆くボブ。

ジェットはコーヒーを飲み干し、吐き捨てるようにつぶやく。
同時に、スクリーンの映画も終了。

Column #022 ジェットとボブが見ている西部劇は、TVシリーズでも数話演出を担当した岡村天斎がわざわざ絵コンテ／原画を担当。気合いの入ったつくりに皆、スクリーンに注目してセリフを聞いてない……とあとになって南PDが嘆いたとか。ちなみに当初は実在する西部劇をそのままトレースする予定だったらしい。

ランタン工場で待ち合わせしたヴィンセントとムラタ。
ヴィンセントはアタッシュケースを置き、話し始める。

122

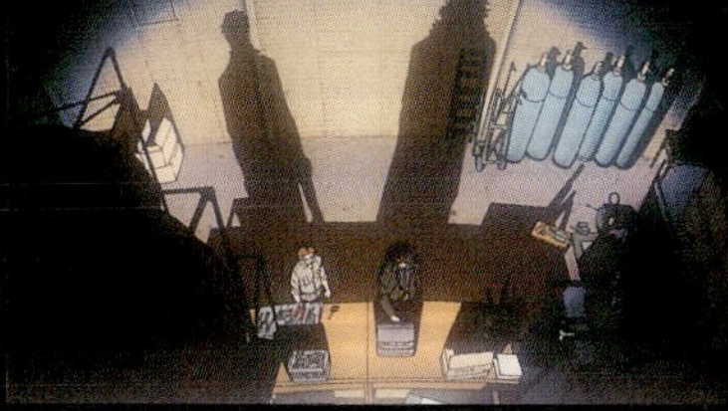

ヴィンセント「煉獄を知ってるか？」
ムラタ「え？」
ヴィンセント「天国と地獄の間にある場所だ……そこは天国に入れず取り残された者たちが苦しみ続ける場所……そう、この世界のことさ」

開いたアタッシュケースの中にはギッシリとカプセルが入っていた。
その中のひとつをヴィンセントはもてあそぶ。

123

ムラタ「……これだけか？」
ヴィンセント「これひとつの中に３万個が入ってる。カプセルを開けば自己増殖していく……」
ムラタ「お、おい、気をつけてくれ」

マネーカードを受け取るムラタ。
金額の少なさに戸惑いながらヴィンセントに問う。

124

ムラタ「で、金は？　約束が　違わないか？」
ヴィンセント「残り半分はパーティーがはねてからだ。あとは好きにするがいい」
ムラタ「あ、ああ、こんなセコい生活ともオサラバさ……ひとつ聞いていいか？」

ヴィンセントに尋ねるムラタ。

ムラタ「なんで、ハロウィンの日なんだ？」

[illegible]

ヴィンセント「[illegible]昔、ハロウィンは、煉獄の魂が天国に行けるよう祈りを捧げる日だったそうだ……祈るがいい」

火星の港。ビバップ号も停泊している。

Column #023　ヴィンセントに協力し、最後にはヴィンセントに殺されてしまう気弱な男、ムラタ。どうやらカボチャのランタンにナノマシンを仕込む作業を請け負っていたようだ。渡辺監督は時間の都合上、ムラタについて描ききれなかったのが心残り、と語っていた。

『BIG SHOT』モニター映すモニター。
パンチ　「アミーゴ！　太陽系300万の賞金稼ぎのみんな、元気かーい!?」
ジュディ「すっかりおなじみ、ビッグショットの時間よ！　ドキュン♥」
パンチ　「さあ、今日もフレッシュな賞金首情報をガンガン紹介していくぞ！」
ジュディ「今日は特別番組でいつもより20分も延長しちゃうのよ」
パンチ　「それもこれもいま、賞金稼ぎの注目の的、なんといっても、3億ウーロンのにくい奴！　その特集だからね」
ジュディ「そうなの、なにしろ史上最高額の賞金首よ！」
パンチ　「ただ、残念ながらどこの誰なのか、まったくわかってないんだ」
ジュディ「なにか手がかりとかないの？」
パンチ　「ゼーンゼン。ばらまかれたのがなんだかわかってないし、生きてる目撃者もいないしね」
ジュディ「じゃあ、あたしたちは何を紹介したらいいの？」
パンチ　「そう！　そこで今回は番組に情報提供してくれた君に、ステキな賞品をプレゼントだ！　さあ、いますぐこの番号までアクセスしてくれ！　早い者勝ちだよ！」

電話もなく、シーンとするスタジオ。
咳をするジュディ。
パンチ　「じゃ、とりあえずここでコマーシャル！」
ぷつん、と切れるモニターの電源。

フェイ　「……ほんっと、使えないわ」
エド　　「フェイフェイー」
フェイ　「ん？」
エド　　「ちょっと見てー」

リモコン手に呆れているフェイ。
と、パソコンに向かってるエドが呼ぶ。

フェイ　「前の画面じゃない……イレズミ？」
エド　　「これと似てるマークマークを探してみたよー」

エドの側に行くフェイ。
エドはパソコンを操作し、ヴィンセントの画像から、入れ墨を拡大し、補正する。

エド　　「どれでしょう～？」
フェイ　「んーと…これ……じゃないか…コレかな」
エド　　「そのウソホント？」
フェイ　「うん、間違いないわ。コレよ」

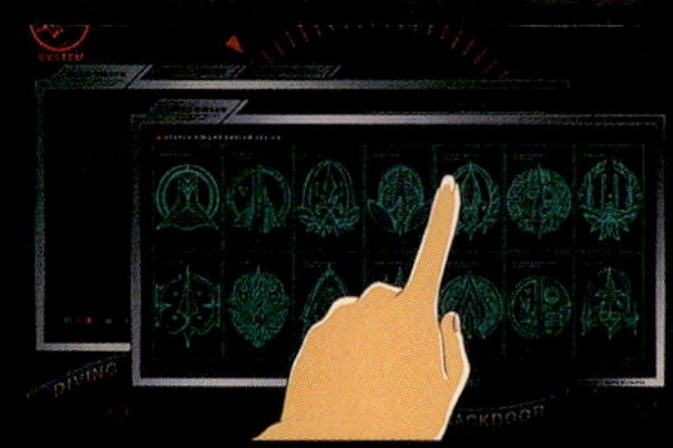

入れ墨のパターンを浮かび上がらせ、似たサンプルを列挙。
フェイは迷いながらもそのひとつを指差す。

Column #024　パンチとジュディの賞金首情報番組「BIG SHOT」。この映画の次のエピソードとなるTVシリーズ・セッション#23で、不人気のため番組が打ち切り終了となるシーンがある。それもこの体たらくを見ると納得できるというもの!?

データがスクロール表示される。

フェイ　「火星陸軍、特殊作戦部隊、第7班…
…特殊部隊のマーク、か。軍人さんねえ……」
エド　「3年前に解散してまーす」
フェイ　「んで？　この部隊のデータとかないの？」
エド　「あい〜〜」

132

モニターのぞき込んでいたアインが突然吠え始めた。

フェイ　「……ん〜？　何これ、ほとんど死んでんじゃない」
エド　「んにゃー……」
フェイ　「ん、次やって」
エド　「にゃっ」
アイン　「クゥンクゥン………」
エド　「どうしたの？　アイン」
アイン　「ワンワン！」
エド　「うそぉん」

アインのことば（？）を理解したエド。しかし該当の男は、記録上すでに死亡していた。

133

フェイ　「何よ、早く次」
エド　「アインはこの人だって」
フェイ　「なんでアインにわかるわけ？　……ほら、タイタンの戦争で2年前に死んじゃってんじゃん。あーもうやめた！　片しちゃってー」
エド　「んに……」

ヤケ気味のフェイ。ソファに寝そべりながらグチる。

その途中、「ピリリ」とエドのパソコンに呼び出し音が鳴る。
だが、エドの呼びかけにもフェイは返事をしない。

134

フェイ　「こんな地道な作業、あたしには向いてないんだわー」
エド　「んにゃ？」
フェイ　「もっと楽して稼げる、あたしにピッタリな生き方がある気がするわー」
エド　「フェイ〜」
フェイ　「なーんでこんな連中とつるんで美しい20代を費やさなきゃなんないんだろう……」
エド　「フェイフェイ〜」
フェイ　「いったいどこで間違えちゃったかなー……」

よっやくエドのことばに反応し、ガバっと飛び起きるフェイ。

エド　「[illegible]」
フェイ　「ん？　そっちがあったか！」

[illegible]フェイ。
スパイクの壺に向かってひと言。

フェイ　「ハーイ、おお、何それ、[illegible]？」
スパイク「まあな」

Column #025　TVシリーズから、まるでお互いのことばが理解できているかのようだったエドとアイン。なんと、本当にエドがアインのことばを理解していることが発覚！　しかもその内容はエドも気づいていない事実を指摘するものだった。

エド　　「グーラ〜グーラ〜グーラ〜グーラ〜グ〜……んにゃ？　おみやげタコ壺？」
スパイク「まあな。こいつは？」

スパイクの壺を見て、エドもひと言。

エド　　「[illegible]だって。でもフェイは違うってー」
スパイク「ああ？」
エド　　「そんでもう、ゴリンジューなんだって」
スパイク「ヴィンセント・ボラージュ……」
ジェット「スパイク、収穫は？」

エドの目の動きに合わせ、頭を振りながらモニターを見るスパイク。
そこにジェットもやってきた。

ジェット「これが……？」
スパイク「おれにピッタリの壺らしい。そっちは？」
ジェット「うむ……ウェスタンはやはりいい」
スパイク「（ため息）フゥ」

ジェットに壺を放るスパイク。
椅子に壺を置きながら答えるジェット。
ため息をつくスパイク。

エド　　「エドにも見して〜！　ははははは〜」
ジェット「ん？」
エド　　「んにゃ……んにゃっ！」
スパイク「器用な奴だ……雑技団に売り飛ばすか」
ジェット「ボブの奴に当たってみたんだが、ウサンくさい製薬会社があるってことぐらいでな」
スパイク「製薬会社？」

壺に向かって走っていき、思い切りダイブするエド。そのまま壺の中に入ってしまう。
感心するスパイクとジェット。

エド　　「なんか入ってる」
ジェット「ん？」

壺から頭出すエド。その口にはビー玉状[illegible]

ジェット「……なんだ？」

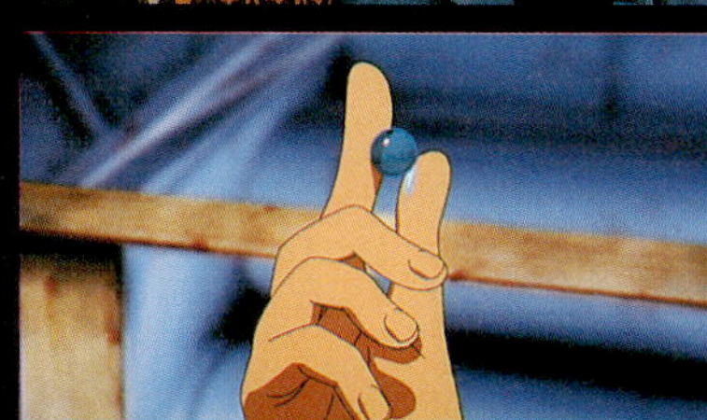

ビー玉状のカプセルをつまみ上げる。

Column #026　この映画でエドは、TVシリーズ以上に軟体生物チックな動きを連発。極めつけは、壺に無理矢理入ってしまうシーンだろう。どう見てもサイズ的に無理があると思われるが……。比較的リアリスティックな動きが多いキャラの中で、エドだけひとり異彩を放っていた。

ゲームセンターでゲームに興じるリー。そこにフェイがスッと近づく。

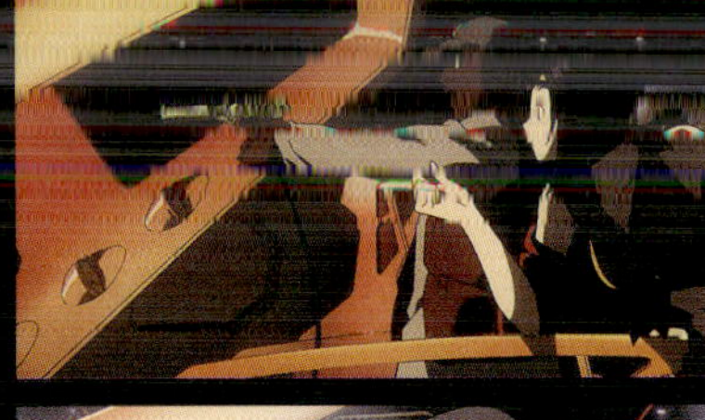

フェイ「へーえ、やるじゃない……ほら来たッ」
リー　「ひとりか？　なんなら遊んでやってもいいぜ」
フェイ「そうね……でもこんなオモチャじゃなくて本物がいいわ」

フェイは本物の銃を出し、ゲーム画面を撃つ。

144

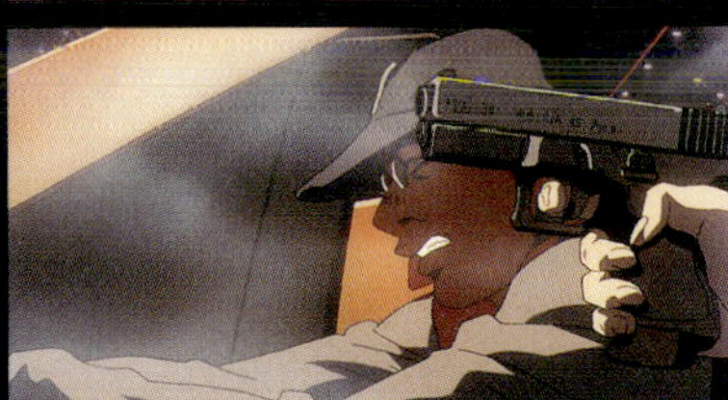

リー　「本物？」

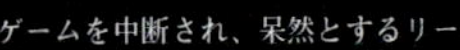

ゲームを中断され、呆然とするリー。

フェイ「やっと会えたわ、ハッカー坊や」
リー　「……あと500ポイントだったのに……そしたらスポーキードーキーに会えたのに……」
フェイ「ちょっと、聞こえてる？」
リー　「チクショウ……めったに会えねえのにさ……」

銃型のコントローラーを床にたたきつけ、フェイへと振り向く。

リー　「どうしてくれるんだ？　賞金稼ぎのねーちゃんよ」

余裕の笑みで、銃を突きつけるフェイ。

フェイ「自分の立場わかってんの？　ゲームはもうおしまいよ、坊や」

ニヤリと笑うリー。

リー　「スポーキードーキーの恨みはこわいよ……」

Column #027　ゲームセンターでリーが遊んでいるゲームのBGM、その正式タイトルは“シド・ミードのサンフランシスコ”（凄いタイトルである……）。菅野よう子が土台となる曲をつくり、そこにゲームのSEが加わって１曲となっている。

フェイ「な？」
リーは腰のベルトのキーボードを操作し、ゲームセンターの電源をショートさせる。
フェイ「何？」
暗闇に乗じて逃げるリー。
フェイ「ちょっと！」
リーを追ってエスカレーターを駆け上がるが、巨大なマスコットが落下してくる。
フェイ「うわ、ちょっと、うわ!?」
しゃがんでやり過ごすが、そのままリーを取り逃がしてしまった。悔しさがるフェイ。

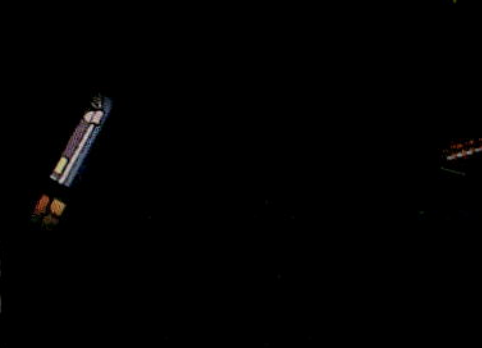

エド　　「ヘンなカタチ〜♪」

ビバップ号。
ビー玉状のカプセルを解析している。

ジェット「で、中身はなんなんだ」
エド　　「これはリンリン、リンパ球だよー♪」
ジェット「リンパ球？　血液の中にあるヤツか？」
エド　　「でもこれは、ヘンなカタチ〜♪」

エドの説明を受けるジェット。

ジェット「どう変なんだ？　俺にはさっぱりわからんぞ」
エド　　「こっちがホントのリンパ球〜……でもでもこれは、チョト違う〜♪」
ジェット「ん？　どこが違うんだ？」
エド　　「かくだーい！」
ジェット「んん？　わからんな」

説明を続けるエド。

Column #028　ゲームセンターのシステムを遠隔操作でダウンさせるリー。こうしたウェラブル・コンピュータ（装着型のパソコン）でのクラッキング（コンピュータ・システムに侵入し違法操作すること）は現代でも理論的に充分可能。

解析機でカプセルを加熱。
「ホントのリンパ球」は次第に黒ずみ、死滅していく。

152

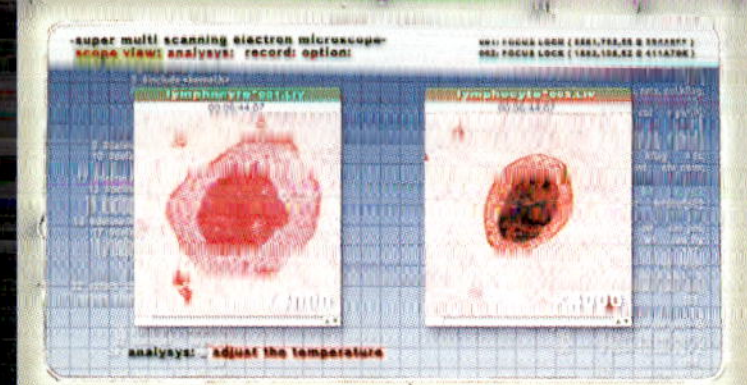

エド　　「じゃあ、レンジでチンしてみましょうー」
ジェット「ええ？」
エド　　「何だかとってもヘンなカタチ〜♪」
ジェット「ん？」

「ヘンなカタチ」のリンパ球は、振動したのち、突然細かな無数の点となって激しく運動する。

153

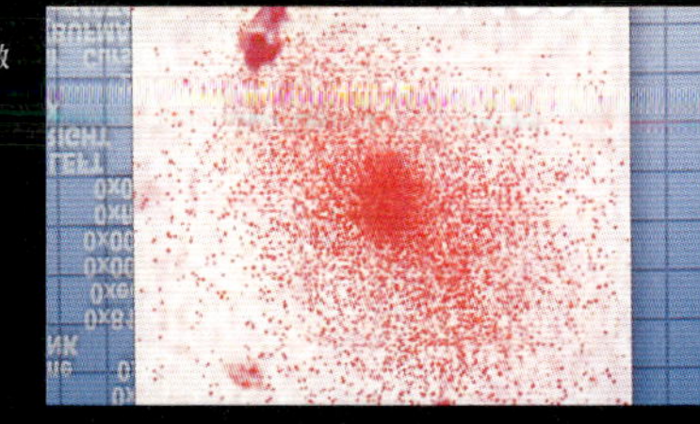

ジェットが不気味そうに驚く。

ジェット「！　な、なんだ…？」

一人、ソリタリアをするヴィンセント。

給水塔のあるビルの屋上。
カップ麺を食べつつスパイクが見下ろしている。

製薬会社チェリオスメディカルに入っていくゴミ清掃車。
スパイクは、サングラスのズームでその清掃車を追う。

Column #029　ナノマシンのアイデアを出したのはサイエンスライターの金子隆一。当初、渡辺監督はウイルスによるテロの話にする予定だったが、それについてアドバイスを求めたところ「未来ではウイルスは5分でワクチンをつくられてしまう。ナノマシンにしましょう！」と言われ、ナノマシンのテロになったという。

スパイク「あーもしもし、トータス清掃会社？」

清掃会社のナンバーを確認したスパイク
通信機で連絡を入れる。

大佐　　「報告を聞こう」
[illegible]
為として捜査を進めているようですが、容疑者の特定にはいたっていません。例のものについても、あくまでウィルスの一種として解析を進めているようです」
大佐　　「当分は解明できんだろう。だが猶予はならん。メンデロはどうなった、　中尉」
エレクトラ「はい、何度かモロッカンストリートで目撃情報がありましたので、潜入中のスパイと接触しましたが、メンデロは姿を消していました」

チェリオスメディカル施設内。
[illegible]
いる。

大佐　　「この件に関しては、我々の範疇で完全におさめなければならん、火星国家の存亡にさえ関わる問題だ」
ハリス　「しかし……本当にヴィンセントがあれを使ったのでしょうか？」
大佐　　「あれは……目に見えない悪魔そのものだ……存在していては、ならないものだ。そして……

話す大佐。葉巻から煙りがたち昇る。

生きていてはならない。ヴィンセントもメンデロも。わかっているな？」
エレクトラ「……はい」

チェリオスメディカルの社章をバックに
話す大佐。

清掃員A「……あ？　おーい、オレの車知らない?」
清掃員B「あれ？　お前、さっき出てったんじゃないのか?」
清掃員A「ええっ?」

トータス清掃会社。
トイレから出てきた清掃員A、自分の車
がないことに気づき、清掃員Bに尋ねる。

口笛を吹きつつ、清掃車を運転している
スパイク。
そのままチェリオスメディカルの敷地に
侵入する。

Column #030　スパイクに清掃車を奪われてしまうトータス清掃会社。これはTVシリーズのセッション#18で登場した宅配便「FUTURE EXPRESS」の関連企業である。同じカメのシンボルマークが目印。

清掃員に変装し、案内板を見上げている
スパイク。
近づくエレクトラに気づき、モップで掃
[illegible]

清掃員を気にしながら歩くエレクトラ。

エレクトラはそのまま歩き去った……と
思いきや、スパイクに銃を突きつける。

エレクトラ「両手を上げなさい」

モップを下ろし、手を上げるスパイク。
床に当たったモップがコーンと廊下に響く。

スパイク「どっかで見た顔だな……そのカッコ
もなかなかいいぜ」
エレクトラ「……あなたは似合わないわ」
スパイク「そうか?」
エレクトラ「うしろを向きなさい」

体の向きを変えるスパイク。
そのときモップのデッキ部分を踏み、モ
ップが起きあがる。

起きあがったモップの柄がエレクトラの
銃に当たる。
発砲するが外すエレクトラ。

Column #031 格闘アクションシーンの絵コンテを担当しているのは「アクション作画監督」の中村豊。TVシリーズでもアクションシーンの原画を多く担当していた彼は、この映画でアクションシーンそのものを設計する大役を担った。

エレクトラの銃をたたき落とすスパイク。
床に落ちる銃。それをモップではじき飛ばす。
エレクトラは連続キック、続いて連続パンチを出す。
スパイクは攻撃を見切り、エレクトラの手首に入れ墨があるのを見逃さない。

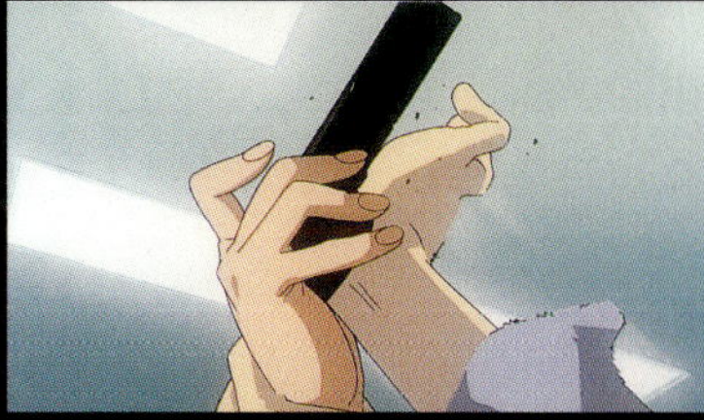

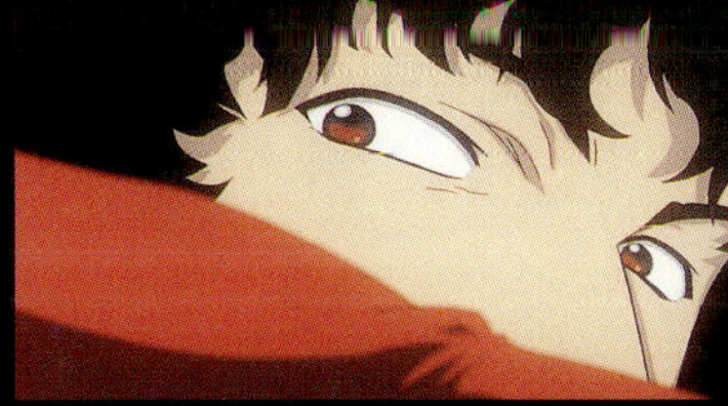

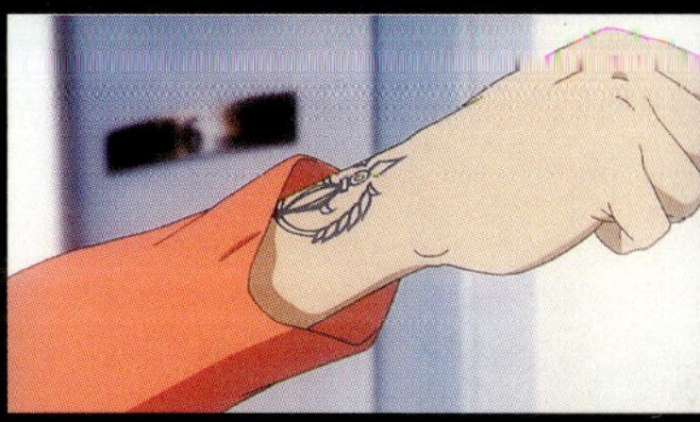

モップでエレクトラを押さえつけるスパイク。
エレクトラ**「何を知ってるの？」**
スパイク**「賭けようか？　表が出たら正直に話す」**
と、コインをはじく。

猛然と反撃するエレクトラ。しかしスパイクは軽やかにそれをかわす。その表情はどこか楽しげ。
スパイクもモップで攻撃を繰り出す。
スパイク**「製薬会社にしちゃずいぶん強いＯＬを雇ってるな」**

エレクトラ**「知り過ぎることは、命を縮めるわ」**

スパイクを見据えてエレクトラ。

スパイク**「強い女は好みだけどな」**

スパイク、微笑んだまま。

Column #032　特徴的な中村豊のアクションシーン。ブルース・リー的な「ハッタリアクション」が好き、と語るとおり、リアル志向の中にも適度にハッタリの効いた「アニメ的快感」に溢れたアクションとなっている。

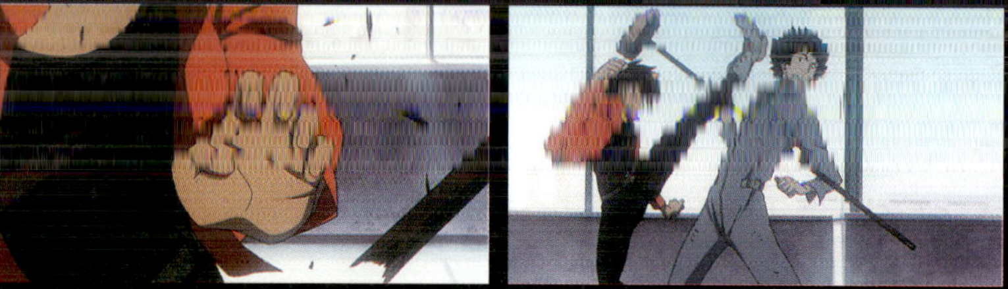

[illegible]
スパイクはモップを構え直す。
そこに警備員の姿を見つけた。
[illegible]は銃を構えて叫ぶ。
[illegible]「止まりなさい！」
しかしスパイクはそのまま逃走。入口ロビーへと飛び降り、入口前を通ったゴミ清掃車に飛び乗る。

Column #033　「格闘の本質よりも画とタイミングの気持ちよさ優先」という中村豊。リアルに格闘していくとキャラクターに感情移入しにくいと思う、と語る彼がめざすのは「感情をアクションで表現すること」だそう。かなり達成されているのでは。

通信機で指示を出すエレクトラ。
警備員が大量に集まってくる。
スパイクはゴミ清掃車の上を乗り越えゲートから脱出。
それを見ていたエレクトラは諦めたように踵を返した。

リー　　「ドカーン」

街中。
腕時計を見たのち、街頭モニターを見上げニヤリとするリー。
ピッピッピッというカウントダウンのあと、リーが合図。
すると巨大スクリーンに異変が。

172

ジェット「ん？」

街角、ISSP内、ゲート管理局、小学校、病院、モノレール駅……いたるところでコンピュータ画面が異変をきたしている。

173

ジェット「ハッピィハロウィン、トリック・オア・トリート……。いいものくれなきゃ、イタ
[illegible]
目に見えないほど偉大なもの……骨の髄までそれで出来てる……」

モニターに映る声明文を読み上げるジェット。

174

スパイク「何が言いてぇんだ、こいつは？」
ジェット「よくわからんが、声明文にしちゃ意味ありげだな」
フェイ　「ちょっと、この辺に趣味悪い帽子落ちてなかった？」
ジェット「それどころじゃない。例の賞金首から声明文が出たんだ」
フェイ　「イタズラじゃないの？」
ジェット「昨日の壺の中身を見なきゃあ、そう思ったかも知れんがな」
フェイ　「ツボ？」

モニターに見入るジェットとスパイク。
そこに、帽子を探してウロウロしているフェイが割り込んできた。

175

Column #034 ハッキング・メッセージ「トリック・オア・トリート。いいものくれなきゃイタズラするぞ」とは、ハロウィンの風習のひとつ。仮装した子どもたちが「♪Trick or treat～」と歌いながらお菓子をもらって町を練り歩くというもの。多言語の「ビバップ」世界では、メッセージに中国語バージョンもある。

コンピュータのモニター、リンパ球がナ
[illegible]

176

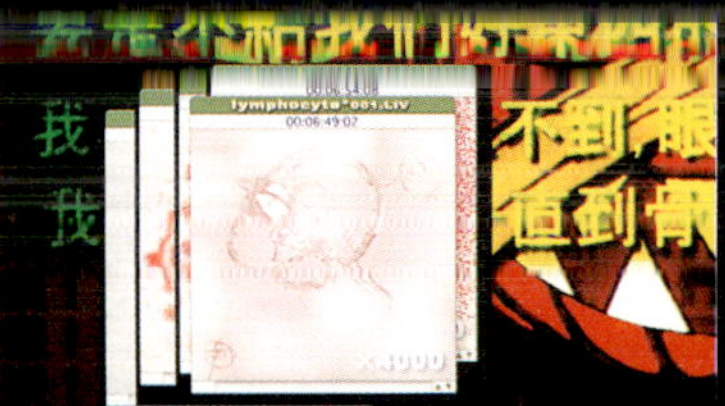

ジェット「一見リンパ球にも見えるこれはな…
[illegible]
つ……ナノマシンってやつらしい」

説明するジェット。しかしスパイクとフェイはまったくわかってないようす。

スパイク「ナノマシン？」
フェイ　「へーえ……」
スパイク「知ってんのか？」
フェイ　「ぜんぜん」
スパイク「なんだそりゃ」
ジェット「目に見えないほどの超小型ロボットってとこだな。おまけにこいつは蛋白質で出来てる……お前の好きな蛋白質だよ。こいつが食えねェシロモノでな。本来は医療用に使われてるモンなんだが……」
フェイ　「それがなんで、あのツボに入ってんのよ」

ジェットの説明を聞いたフェイ。だが、そのうち呆れて出て行ってしまう。
ジェットはスパイクに収獲を尋ねる。

ジェット「とにかく、リンパ球ってのは骨髄でつくられるモンなんだ。ホネのズイさ」
フェイ　「だから？」
ジェット「この声明文を書いたのは、おそらくそれがわかってる奴だ」
フェイ　「それで？」
ジェット「……そこまでだ」
フェイ　「なにそれ、結局なんにもわかってないんじゃない。あーあ、時間のムダでした」
ジェット「……製薬会社の方はどうだったんだ？」
スパイク「たいした会社だぜ。よっぽどすげぇ薬でもつくってるらしい、なにしろ警備員がそろってG21で武装してやがる」
ジェット「そいつは……軍用のマシンガンだぜ。一般にはそうそう流通してないはずだ」

スパイクのことばを聞き、驚くジェット。

ヘッドホンを何やら調整しつつ、ジェットに説明するスパイク。

スパイク「ヴィンセントと同じ入れ墨をした女までいたぜ。おまけにその女が」
ジェット「…何だ？」
スパイク「……なかなか美人だった」
ジェット「……とにかくだ、軍がらみとなりゃ話が違ってくる。だが、ナゾが解けるどころか、ますます深まっちまった……。ん？」

ヘッドホンをかけ、ソファに寝そべって横になるスパイク。
呆れるジェット。
帽子を探すフェイが戻ってくる。

ジェット「おい、何やってんだ」
スパイク「そういうときは寝るに限る」
ジェット「お前……」
スパイク「果報は寝て待て、ってな」
フェイ　「そうそう忘れてたわ。帽子探しにきたのよ、知らない？」
ジェット「知らんよ」
フェイ　「どこ行ったの？」

Column #035　今回の映画のキモとなるナノマシン。１ナノメートル＝100万分の１ミリという極小の世界で、そこでは原子・分子が野球ボールのようなサイズとなる。1980年代以降に研究が盛んとなり、現在も日進月歩の進化ぶりを見せている。事実、DNAの構造解析などはナノテクノロジーの進化によるところが大きい。

フェイの探している帽子を持ち出していたエド。
エド　「ヘンなにおい〜♪」
と、アインにニオイを嗅がせてみる。
アイン「(くしゃみ)」
エド　「アイン、わかる？」
アイン「ワン！」
エドとアインは帽子の持ち主を捜し始めた。

とある家の前で。
エド　「[illegible]」
アイン「[illegible]」
エド　「なんかちょーだい！　イタズラするぞ〜！」
オヤジ「やかましい!!　ハロウィンはあしただコラ！」
エド　「う〜わ〜」
家主に怒られる。
エド　「……ちがうねぇ」
アイン「クゥン……」

エド　「イタズラするぞ〜！」
別の店のシャッター前にやってきたエド。出てきたのはオカマだった。
オカマ「あらー、いいわよウフフフ♥」
エド　「ちょうだーい」
オカマ「アタシがイタズラしちゃおうかしら、ボ・ウ・ヤ♥」
エド　「ボーヤじゃないよ」
オカマ「えっ？」
カボチャのお面を取られて。
エド　「オンナのコだよ〜！」

オカマ「まあっ！　女なんかに用はないわっ！さっさと帰ってちょうだいっ！」
オカマ怒りだし、カボチャのお面を投げつけ、シャッターを閉めてしまった。
エド　「ちがうねぇ……」
と、アインが何かを見つけて吠えた。
アイン「ワン！」

歩いていくリーを発見。
エド　「めっけ」
アイン「ワン！」

フェイ「あー、はいはいはい。ハイ、もしもし？」
エド　「はっけんはっけんー」
フェイ「えっ？　エド？　何よ？」

ピピピピピ……通信機の呼び出し音。
シャワー中のフェイが出る。

Column #036　エドを追い払う家主のガウン、その背中には大きく「刀」という漢字が。また、TVシリーズのセッション#12に登場したジュリアスをほうふつとさせる（同一人物ではない）オカマ。「宮田（忠明）くんという原画マンが描きました。独特の宮田ワールドです」（渡辺監督）。

モニターにはエドか。

エド　「九とね　、リ　さん発見だよ！」

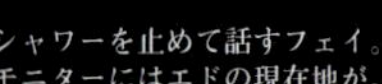
シャワーを止めて話すフェイ。
モニターにはエドの現在地が。

フェイ「うそっ！　やるじゃないの。あんた、ただの子供じゃないと思ってたわ。いまどこ？」
エド　「げんざいちをおくりまーす」

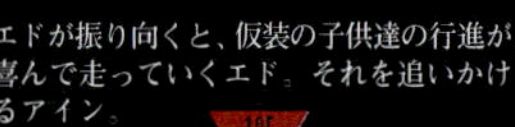
エドが振り向くと、仮装の子供達の行進が。喜んで走っていくエド。それを追いかけるアイン。

185

フェイ「しっかりそこで見張ってるのよ。すぐ行くから。ゼッタイ動いちゃダメよ」
エド　「うん、わかったよ〜。バイバーイ」
仮装の子供たち「♪Trick or treat Trick or treat Give me something Good to eat〜」
エド　「わーい！　あはははは……」
アイン「ワン！　ワン！」

リーがヴィンセントの部屋へ入ってくる。ヴィンセントはソリタリアに興じている。

リー　「レベルワン、クリアー。チョロいもんだな。……あんたも、ずっとそれやってんな。おもしろいの？　どういうゲームなんだい？」

エドが送ってきた住所の場所へやってきたフェイ。

フェイ「……やっぱりただの子供だわ……もうッ！あのオバカたちッ！　どの建物のどの部屋なのよッ！」

ゲーム盤の球を動かす指。

ひとつだけ球が残る。

そのひとつに、銃口が当てられる。

188

ヴィンセント「ソリタリアは挟んだ球をひとつずつ消していく。そして……最後にひとつだけ残せば勝ちだ」
リー　「あ……終わりだ、アンタの勝ちかい？」

Column #037　エドがついていってしまう子供達のパレード。「♪Trick or treat- Trick or treat- Give me something Good to eat-」は、ハロウィンでの決まり文句。「イタズラかごちそうか、何かオイシイものをちょうだい」という意味で、こうした子供達の行為を「Trick-or-Treating」と呼ぶ。

ヴィンセント「ゲームはこれからが本番だ」
リー 「へっ、何言ってんだ……ひょっとして、その球……!?」

撃鉄を引くヴィンセント。
リー、ヴィンセントを見て表情から笑みが消える。

ヴィンセント「ただのゲームさ」

ニヤリとヴィンセント。

リー 「……まさか…はっ、冗談だろ？ うっ、ゴホッゴホッ」
ヴィンセント「残るのは、ひとつだけだ」

ダァン！ と響く銃声。薬莢が転がる音。
間があって、リーが咳き込み始める。

リー 「ハアッ、ハァッ……ゲホッゲホッ」

信じられない、という表情で、咳き込みながらヴィンセントを見るリー。
窓を開けて脱出しようとする。
部屋を出ていくヴィンセント。

フェイ「(ハッ)」

とある部屋、窓ガラスが割れる。
それに気づいたフェイ。もしや、と見上げる。

銃を構え、建物内を昇っていくフェイ。

Column #038 ヴィンセントの部屋の窓。ハレーションを起こしたかのように真っ白で、その外の風景はよく見えない。これを「天国の扉」の暗喩と仮定するなら、死する際にそれを突き破ったリーは、初めて「天国の扉」を潜り、現実＝死にたどり着いたのだと言える。

ドアの鍵を撃ち抜き、蹴破るフェイ。

フラフラと歩いてくるリー。何事かを呟いている。
そのままうつぶせに倒れ込む。

リー　「これじゃ……スポーキードーキーに会えないよ……」

リーに駆け寄るフェイ。

197

フェイ「ちょっと！　困んのよ、死なれちゃあ……ねえ！」

朦朧とした意識で呟くリー。

リー　「リセットしてくれよ……」

呆然と見ていたフェイ。突然咳き込み始めた。

フェイ「うっ、ゴホッ、ゴホッ」

フェイの視界を金色の蝶が舞う。
視界から消えては現われる蝶。

Column #039　リーがこだわる「スポーキードーキー」ということば。アメリカの俗語で「薄気味悪い」というような意味。文脈からすると、リーが楽しんでいたゲームのキャラクターらしい。ちなみに「ビバップ」のサウンドトラックVol.1にも“Spokey dokey”という曲がある。

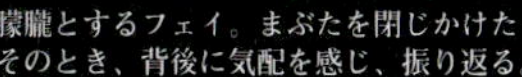

朦朧とするフェイ。まぶたを閉じかけたそのとき、背後に気配を感じ、振り返る。

振[illegible]
弾かすめるヴィンセントの手。そのまま銃を奪い取る。

銃を持ったヴィンセント。銃を落としたあと手を見つめ、傷口から流れる血をすする。

フェイ「ゴホッ、ゴホッ」

苦しげにヨロヨロと歩くフェイ。テーブルに倒れ込む。ソリタリア球が散らばる。

フェイ「う……」

フェイのあごを掴むヴィンセント。

フェイ「ん……ん……」

机の上にフェイを押し倒し、そのまま口づけするヴィンセント。

Column #040 カウンターナノマシンをフェイに口移しで与えるヴィンセント。その理由は？　単なる気まぐれとも取れるし、アルバシティの高速道路上で出会ったときに何かを感じたから、とも取れる。いずれにせよ、ふたりは心に疎外感を強く抱えるという共通点がある。

ハッと目を見開くスパイク。
身を起こし、ヘッドホンに聞き入る。

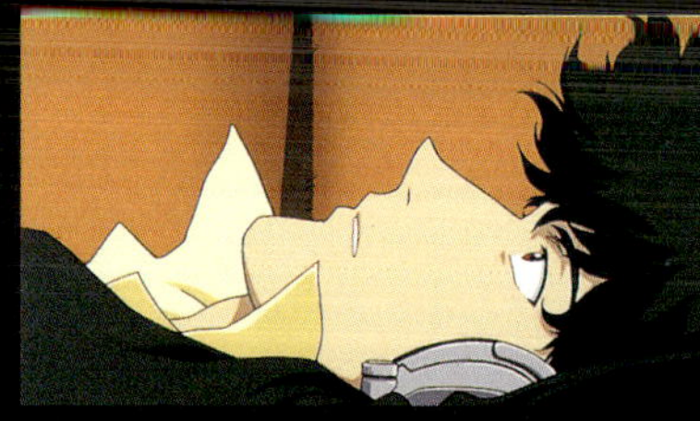

スパイA「アルファワンより緊急連絡、ハンプティダンプティを発見しました。現在位置は……

隠れてエレクトラに報告するスパイA。

ツーフォー・ポイント・ワンファイブ、徒歩にて移動中」

チェリオスメディカル内のエレクトラ。
通信を聞きながら早足で廊下を行く。

エレクトラ「すぐに向かうわ。私が行くまで手は出さないで」
スパイク「足は出すぜ」

通信を傍受しているスパイク。

スパイB「ワンセブンからワンエイトへ入りました」
物陰から監視中のスパイB。ヴィンセントは平然と歩いていく。
続いてスパイCからの報告。
スパイC「セントラルステーションに向かっています」

車を運転しているエレクトラ。通信機をポケットにしまう途中、ポケットの中のコインに気づく。力を入れるとコインが割れる。
盗聴器が壊され、スパイクの通信機のモニターの地図が消える。ザーというノイズ。

Column #041　ヴィンセントを指すコードネーム「ハンプティダンプティ」。『マザーグース』に登場するタマゴの姿をした紳士から取られたもの。

モノレール駅に到着したエレクトラ。
スパイC「こっちです。同行します」
エレクトラ「ひとりで充分よ」
スパイC「しかし！」
エレクトラ「車を頼むわ！」
続いて電車で到着したスパイクは、待合い客にヘッドホンと通信機を手渡す。キョトンとする客。
ヴィンセントはモノレールに乗り込む。
エレクトラも同じ車両に滑り込む。
それを見たスパイクはレールの上を走り、モノレールの屋根へと飛び移る

銃のスライドを引き、安全装置をかけるエレクトラ。
深呼吸をひとつつき、列車の奥へ向かう。

モノレールの窓にぶら下がるスパイク。
対向車が向かってくるのを見て、窓に銃弾を撃ち込み、窓を蹴破って中に飛び込む。
その直後、対向車が通り過ぎる。

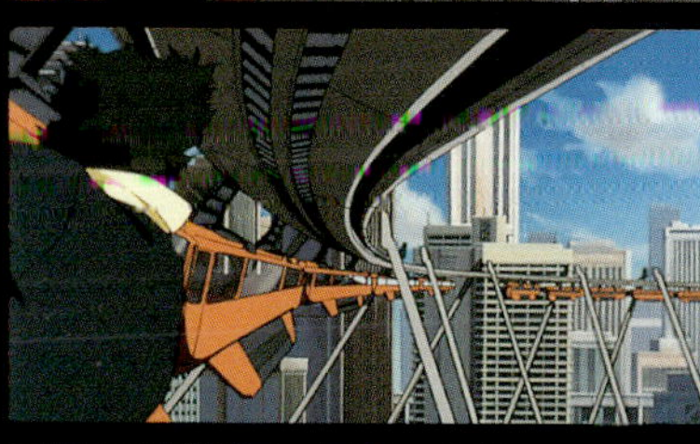

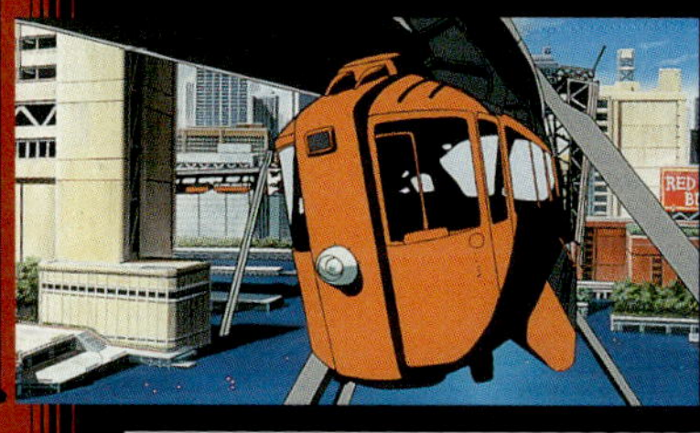

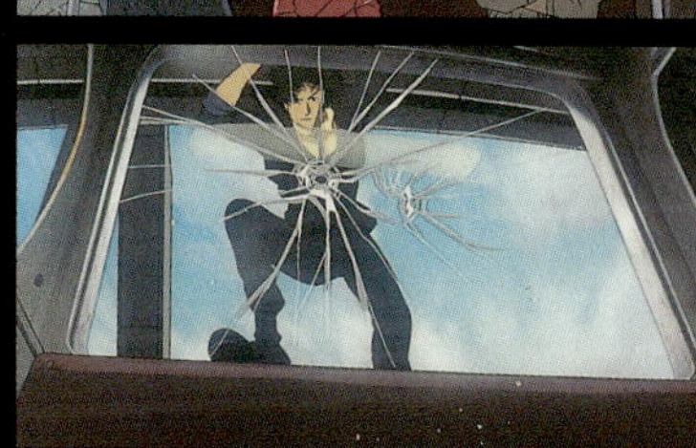

Column #042 モノレールに乗り込むヴィンセントを追い、スパイクとエレクトラが別々に追跡。それぞれ移動している二者の様子を、スピーディなカットの切り替えで見せることによって、緊迫感を煽っている。

スパイクに呼び止められ、眼を上げるヴィンセント。

スパイク「ヴィンセント！」

スパイク、銃をヴィンセントに向けている。

スパイク「顔を知らなくったって、匂いでわかるぜ。お前からは血の匂いがプンプン匂ってきやがる」
ヴィンセント「……賞金稼ぎか」

余裕のスパイク。
そこに、外の看板が陽光を遮る。
一瞬、光に目を細めるスパイク。

スパイク「悪く思うなよ。3億なんて賞金、かける方が悪い」

一瞬で振り返って発砲するヴィンセント。

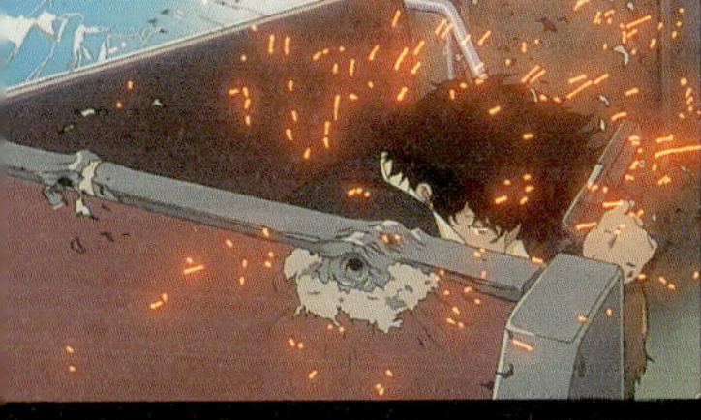

ドン！　ドン！　ドン！と銃声。それを聞いたエレクトラが走る。
乗客・女「キャー!!」
銃弾をよけるスパイク。
ヴィンセントは踵を返し、そのまま車両先頭方向へ歩いていく。
ん？　とそれを見やる乗客。
すると、ヴィンセントが振り返って発砲。

Column #043　美術監督を勤めた森川篤は「実作業で注意したのは、『ビバップ』の美術のテーマである“光と影のコントラスト”」と語っている。両サイドが窓であるモノレール内は、映画の中でも“光”が支配的な空間。よって、モノレール同士がすれ違うときに一瞬できる“影”も、より効果的になる。

頭を撃ち抜かれる乗客。
ひとしきり撃ち終えたあと、ヴィンセントはまたも車両前方へ。
どよめいて車両後方へ逃げる乗客たち。その流れに巻き込まれ、エレクトラはなかなか前進できない。
マガジンを入れ替えるヴィンセント。
そこに駆けつけたスパイク。お互い銃を突きつけ合う。

ヴィンセント「撃ったらどうだ」
スパイク「何？」
ヴィンセント「どうした、威勢がいいのは最初だけか？」

すれ違う2台のモノレール。
銃を突きつけ合う2人。

ヴィンセント「やれよ」

ヴィンセント、不敵な笑い。

スパイク「殺しやしねぇ。賞金がパァになるからな」

スパイクも笑みで返す。

ヴィンセント「死など恐れちゃいない。静かに夢を見るだけだ……」

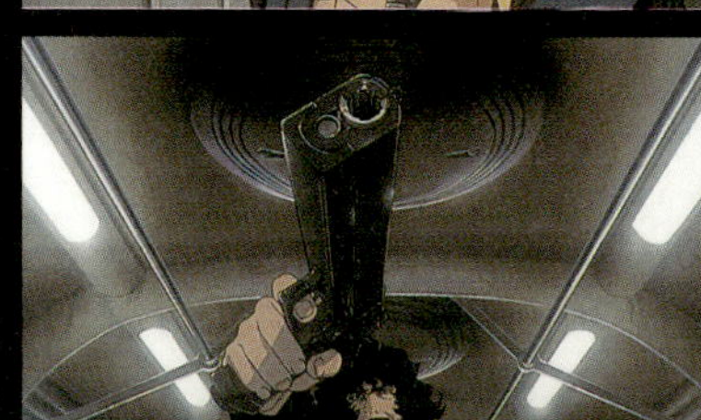

語り出すヴィンセント。

Column #044 ヴィンセントはスパイクとの戦いを通じて次第に表情・動きともにダイナミズムを帯びてくる。その決定的な契機となったのは、このモノレール車内での肉弾戦だろう。自分の肉体を酷使することで、ヴィンセントは徐々に現実感を取り戻していくのだ。

虚空を見つめながらヴィンセントが呟く。

ヴィンセント「永遠に続く夢を……」

間をおいて、スパイクが答える。

スパイク「……ふざけた野郎だぜ」

視線をフッと逸らすヴィンセント。その先には駆け寄ってくるエレクトラの姿が。

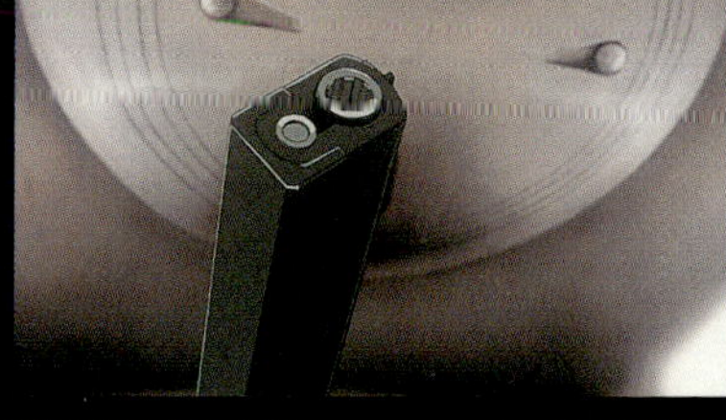

スローモーション。
銃口をずらし、発砲するヴィンセント。
弾丸はスパイクの頬をかすめ、後方のエレクトラの肩を貫く。
ゆっくりと倒れるエレクトラ。

一度振り返ってエレクトラを見たスパイク。すぐさま振り返って数発発砲、座席に向かって飛び込む。

Column #045 弾丸の弾がゆっくりと飛んでいく描写は、映画「マトリックス」の銃弾避けを思い出させる。アニメーションでスローモーションを表現する際、こうした人間の動作以外の物理運動（頬の横を通り過ぎる弾丸）が加わることで、より「スローモーションらしさ」を自然に描くことができる。

弾を切らせて舌打ちするスパイク。
椅子の上を走り、ヴィンセントに跳び蹴りを食らわす。はじき飛ぶ拳銃。
肉弾戦に持ち込んだスパイクはパンチを数発叩き込み、キックでヴィンセントを昏倒させる。
倒れたヴィンセントを立たせようとするスパイク。突然、うめき声を上げた。
スパイク「**カッ……!!**」

ヴィンセント「**……もう終わりか？**」
スパイクに胸に食い込んだヴィンセントの指。
さらにその指をひねる。
スパイク「**ゴハッ**」

そのまま床に倒れ込むスパイク。
スパイク「**あ……う……**」

スパイクの首を掴むヴィンセント。
そのままスパイクの身体を引きずって歩いていく。

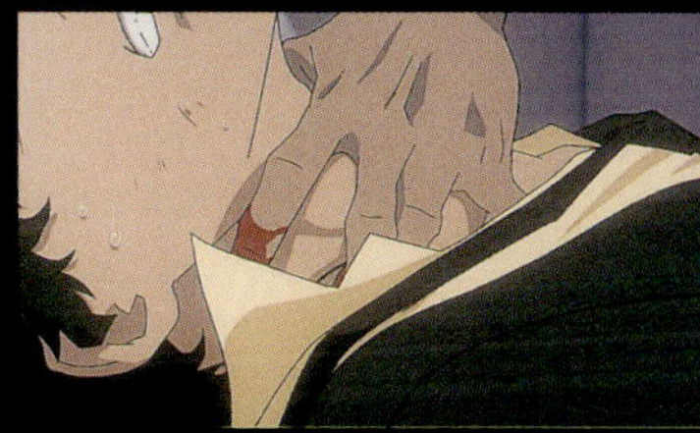

Column #046 エレクトラは元・特殊部隊所属という設定のため、格闘にマーシャルアーツ的な動きが盛り込まれている。対してヴィンセントは、見る限り特定の格闘技の動きはしていない。特徴的なのはクロー攻撃で、あくまで実戦的な格闘術を学んだことを伺わせる。

[illegible]
[illegible]
スパイク「あ……か……」
ヴィンセント「名を聞こう」

何とか笑いながら答えるスパイク。

224

スパイク「スパイク……スピーゲル」

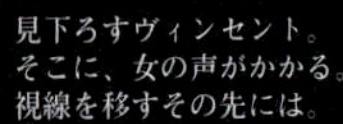

見下ろすヴィンセント。
そこに、女の声がかかる。
視線を移すその先には。

225

ヴィンセント「この世の果てで会おう」
エレクトラ「ヴィンセント！」

声の主は、銃を構えたエレクトラだった。

226

目線はエレクトラのまま、銃をスパイクに突きつけるヴィンセント。

227

そしてヴィンセントはニヤリと笑う。

228

Column #047 本映画での各キャラの関係は、基本的に複数の対関係から成り立っている（スパイク←→ヴィンセント、ヴィンセント←→フェイ、スパイク←→エレクトラなど）。例外はスパイク・ヴィンセント・エレクトラの三角形で、この場合、上のシーンやラストシーンに顕著なように、複雑な緊張感を生み出すことになる。

弾丸がスパイクの胸を貫く、。
スローモーションでゆっくりと落下していくスパイク。
と、手榴弾を掲げるヴィンセント。
エレクトラは絞り出すように呟く。
エレクトラ**「ヴィンセント……私を……」**

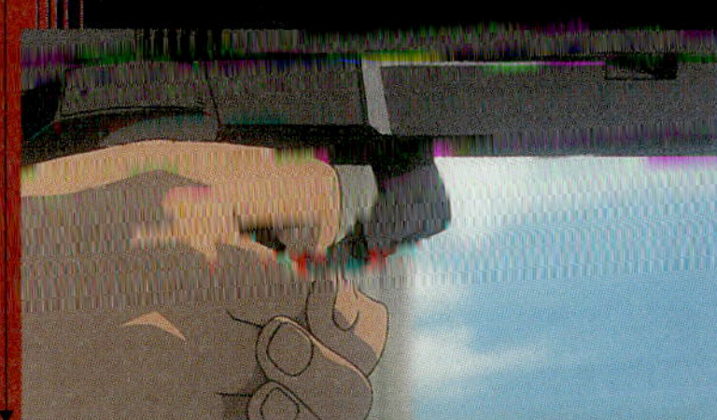

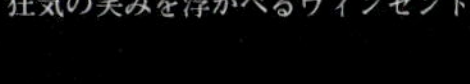
狂気の笑みを浮かべるヴィンセント。

モノレール車内は閃光に包まれ、、爆発。
脱線し、川を渡る橋の途中で停車する。

爆発の後、咳き込み苦しんでいる乗客達。
エレクトラはハッとなって自分の身体を見るが、異変はない。
エレクトラ**「なぜ……？」**

エレクトラ**「ヴィンセント……」**

煙を噴いているモノレール。
ヴィンセントの姿はどこにもない。

Column #048　「モノレールの爆発からすぐ姿を消してしまうヴィンセント。あるいは高速道路上からこつ然と消えてしまうヴィンセント。とにかく、当初からヴィンセントにはそういった『すぐ消えてしまう』、夢なのか幻なのかわからない存在というイメージがあったんです」（渡辺監督）。

水面へ流れる木と泡。
これまでの記憶がフラッシュバックする。
そして再び画面は暗闇へ。

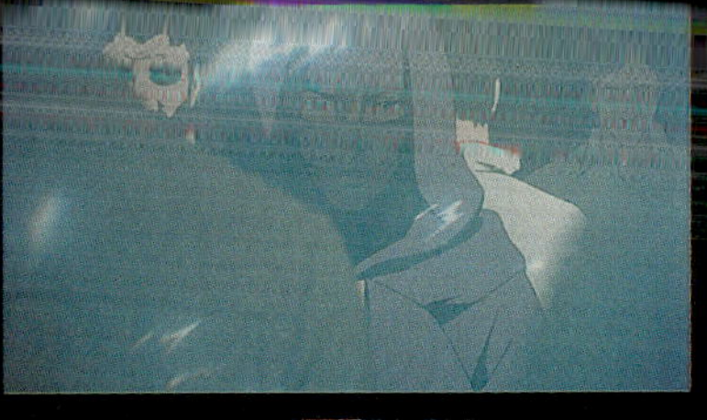

続いて映ったのはビバップ号のリビングの天井。
見下ろすジェットが語りかける。

ジェット「わかるか、スパイク……ギリギリの線だったぜ……あいつは死んだ。いや、はじめから死んでたんだ……お前と同じさ」

ジェットのシルエットが、アメリカンインディアンの姿に変わっていく。
青年が手を伸ばし、水に触れると、波紋のように視界が揺れ、光に包まれる。

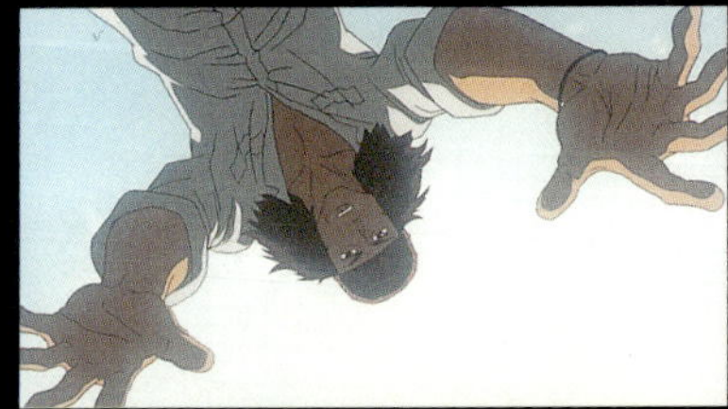

ゆっくり目を開くスパイク。
周囲は虫の声とたき火のはぜる音。

視線を移すと、ラフィング・ブルと狼の姿が。
そして、手前にしゃがみ込むネイティブ・アメリカンの青年。
礼を言うスパイク。
ラフィング・ブルはスパイクに問う。

235

ラフィング・ブル「河の流れに身を委ねた男を、彼の目が見つけ出した」

スパイク「……ありがとよ」
ラフィング・ブル「何を見たのか、お前の目は閉じかけている」

236

スパイク「夢を見てた……いや、どっちが夢なのか……初めてだ……初めて、身震いするほどの……恐怖ってのを味わった……」

たき火を囲む一同。

Column #049 スパイクの混濁した意識を象徴するかのような、回想シーン〜ラフィング・ブルとの語らい。その抽象的な会話と、前後の流れから際立ったムードは、このシークエンス自体、死に瀕したスパイクの見た幻覚という解釈も可能だ。

……ほんの少し、何かがズレてたら……俺は死んでた……」

ぼんやりと空を見上げているスパイク。

238

ラフィング・ブル「お前にとって、死ぬのにいい日ではなかったのだろう……。"泳ぐ鳥よ"。

スパイクに語りかけるラフィング・ブル。
かたわらの狼がゆっくりと立ち上がる。

この蒼い目はすべてを見通している。過去も、未来も、そしていまも。すべては流れ、すべては繋がっている。この目は現実を見ているのではない、真実を感じているのだ。真実の目を開いてみろ……何も、恐れることはない」

夜空に立ち昇る煙。
語り続けるラフィング・ブル。
スパイクを見つめる狼。

スパイク「ああ……わかってるさ」

スパイク、軽く微笑んで、安堵したよう
に目を閉じる。

ジェット「生きてるようだな」
スパイク「あいつは……ヴィンセントは？」
ジェット「消えちまった……まるで最初からいなかったみたいにな」

早朝。犬の遠吠えが聞こえる。
ジェットがスパイクのかたわらに立つ。

ジェット「俺たちは、どうやらヤバいことに足を突っ込んでるらしい」
スパイク「……ああ」
ジェット「昔、親父がよく言ってた。一度海へ乗り出した船は、航海し続けるか、沈むかのどっちかだってな。……俺たちは、ただの賞金稼ぎだ。こいつはもう、俺たちの手に負えるヤマじゃない。いまならまだ間に合う。この件に関わるのはやめだ。いいな、スパイク。……おい」

朝焼けの川面を眺める２人。

Column #050 脚本の信本敬子をして「この映画のキモ」とまで言わしめたネイティブ・アメリカンの青年。「ストーリーの進行上、関係ないものを許容するかどうか
無駄に見えるものをあえて入れることで、映画のある種のレベルというか、タイプが決まるんですよ」（渡辺監督）。

スパイクは穏やかに眠っている。

呆れて見てるジェット。
苦笑まじりに呟く。

ジェット「……よく寝る男だぜ」

エレクトラの部屋。
腕の傷をじっと見つめている。

大佐　「なぜ、単独で行動した？」

チェリオスメディカルの大佐室。
ソファに座る大佐が、エレクトラに問いかけている。

大佐　「答えたくないかね？　しかしその身勝手な行動が、今回の事件を未然に防げなかった原因のひとつとは思わんか？」
エレクトラ「……申し訳ありません」
大佐　「君にはしばらく謹慎してもらう。追って通達がいくはずだ。下がりたまえ」

敬礼して退室するエレクトラ。
その後、音もなく奥からハリスが現われる。
ハリスに命じる大佐。

大佐　「監視を怠るな」
ハリス　「はっ」

ISSP会議室。
スポットを浴びているホフマンとシャドキンス。
本部長の質問と、それに答える2人の声が暗闇に響く。

ホフマン「被害者の症状などから、昨日のモノレール事故においても、先日のタンクローリー事故と同様の物質が使用されたと思われます」
本部長　「で、その物質の解明はまだなのか？」
ホフマン「現在、解析中です」
シャドキンス「例の声明文ですが、時限式のウィルスの構造が、過去のあるウィルスと酷似しており、リーというハッカーによるものと断定。彼のデータ及びアクセス経路を現在洗ってます」

Column #051　TVシリーズの時から、要所要所で現われスパイクに預言を与えるラフィング・ブル。いったいどこに住んでいるのだろうか？　クローンで星一つにひとりいるという噂もあるが、真相は定かではない。

本部長　「その男が首謀者という可能性は」
シャドキンス「あります。いずれにしろテロリストグループと、なんらかの繋がりがあるものと……」
本部長　「テロの目的は？　思想犯か、それともただの金目当てなのか？」
ホフマン「……分析中であります」

向き合う本部長とホフマン、シャドキンス。

249

本部長　「どれもこれも分析中に解析中、か。いつまで待たせる？　[illegible]口もありゃ出るぞ」

[illegible]、いらだちを隠さない本部長。ホフマンたちは押し黙ったまま。

スパイク「なんか……気のせいか……」
ジェット「なんだ」
スパイク「足が重いような気が……おい」

ビバップ号に戻ってきた２人。ジェットに肩を借りて歩きながら、足許に異変を感じるスパイク。

エド　「見つかった～」
アイン　「ワン！」

脚にしがみついているエド。アインも来て吠える。

エド　「あったよー、チェリオスメディカル～」

エドのサイバースペース。
エドは歌いながらダイブし、チェリオスメディカルのホームページを発見する。

エド　「はにゃ～」
スパイク「10月15日にトラックで移送した荷物について調べてくれ」
エド　「うぃー」
ジェット「スパイク、言っとくがな」
スパイク「わかってるよ。調べるだけだ。気になって眠れねぇからな」
ジェット「……お前は寝過ぎだよ」

クネクネと珍妙な動きでネットダイブを続けるエド。
それを見守りながら、スパイクとジェットの会話。

Column #052　スパイクを川岸に迎えに行ったジェットが言った「よく寝る男だぜ」というセリフ。「眠りは死の同胞」という格言もあるように、スパイクの「眠り」と「命しらずの行動」は同一線上にある。どちらも、目の前の世界からの逃避＝死を垣間見る行為なのだ。

鼻歌を続けながら、ハッキングを開始するエド。トラックの積み荷が「マカデミアナッツ」だったことが判明した。

エド　　「トントラックトラック、お荷物小荷物、ナ・カ・ミは〜マカデミアナッツ〜！」
ジェット「マカデミアナッツ？」
スパイク「おそらく食えない豆さ」
エド　　「けんさく〜〜」

「マカデミアナッツ」で検索すると、次々と関連部署が表示される。
スパイクはさらなる調査をエドに指示。

スパイク「マカデミアナッツ管理部、マカデミアナッツ研究開発部……」
ジェット「たかが豆に、えらい力の入れようだな」
スパイク「エド、マカデミアナッツ研究開発部だ」
エド　　「あい〜」

ハッキングプログラムがクラッシュしたエド。
スパイクの指示で別ルートで調べると、とある博士のデータと研究資料が出てきた。

スパイク「このセクションで何をやってたかわかるか？」
エド　　「にゃッ！　……ふに〜〜、エドのハッキングプログラム壊れちった」
ジェット「何ぃ？　ここまで来てか？」
スパイク「エド、別ルートでこの男のプロフィールを調べてくれ」
エド　　「うーい」
スパイク「メンデロ・アル・ヘディア博士。元SIT教授で、ナノマシン研究の第一人者……」
ジェット「やはりな、あれは製薬会社なんかじゃねぇ。裏でナノマシン兵器をつくってやがるんだ」

モニターを見ている一同。

スパイク「それを死んだはずのヴィンセントが持ち出した、ってことか」
ジェット「確かナノマシンの軍事利用はアムステルダム条約で禁止されてるはずだ。こいつが何かたくらんでるとすりゃ、軍は必死で隠そうとするはずだ」
スパイク「だが、奴は生きてる……」

床に倒れているフェイ。
目を開くと、目前にソリタリア球。

さらに視線を移すと、その先にはソリタリア球を弄ぶヴィンセントの姿が。

フェイ　「う……」

Column #053　ハッキング中にエドが鼻歌のように歌っている"3.14"。当初この曲はエドとアインがリーの居場所を探す場面に使われる予定だったが、そのシーンは"Time to know〜Be waltz"になってしまったため、急遽ここに使われることになったという。

エレクトラ「スティーブ」
スティーブ「ああ、エレクトラ。何か用？……なんだいこれ。誰かの血液？」
エレクトラ「内密に調べて欲しいの」
スティーブ「じゃあ、今度こそデートの誘いOKしてくれる？」

チェリオスメディカル研究室。
部屋に入ろうとしていたスティーブをエレクトラが呼び止める。人が通り過ぎ去るのを待って、スティーブに血液検査を依頼。
スティーブは条件付きで引き受ける。

エレクトラ「[illegible]」

スティーブの突然のお願いに、エレクトラは困惑気味に答える。

スティーブ「よーし、じゃあハロウィンのディナーは予約しとくよ！」

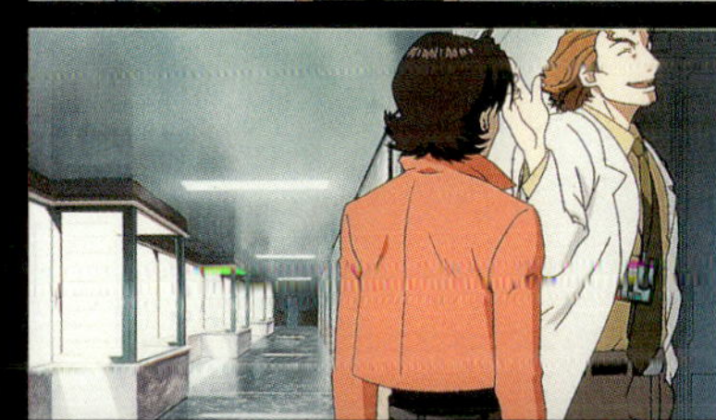

ニカッと笑い、スティーブは上機嫌に部屋の中に。

モロッカンストリート。
スパイクは豆屋、骨董品屋、路地と歩き回る。
どうやらラシードを探しているようだ。

フェイ　「どうなってるの？　なんであたし、生きてるの……？　あたしに何をしたの？」
ヴィンセント「……俺の血をわけた」
フェイ　「えっ？」

ヴィンセントの部屋。
縛られたフェイがヴィンセントに尋ねる。

Column #054　エレクトラに好意を寄せ、彼女に協力するスティーブ。こうしたキャラクターはよくハリウッド映画などでも見受けられる（例：『羊たちの沈黙』）。専門技能をもって主人公をフォローし、物語の進行が破綻するのを防ぐほか、キャラクターの肉付けをより豊かにするため重宝されるのであろう。

リーとフェイのいる室内。

ヴィンセント「お前はもう、この世界が嘘っぽく見えているはず。俺のように……」

ソファに座り、宙を見つめているヴィンセント。

ヴィンセント「そのときが、もうすぐ来る……」

階段で一服しようとするスパイク。だが、ライターが見つからない。
するとスッと手榴弾型のライターが差し出される。
ラシードはスパイクのタバコに火を付ける。

267

ラシード「望みのものは見つかったか？」
スパイク「いいや、いらないものばかりだ」
ラシード「世の中、えてしてそういうものだ」
スパイク「だが、いらないものをあえてつくったりする奴もいるぜ……誰かがつくったんだ……

鋭い目つきでラシードを見るスパイク。
ラシードは自分のキセルに火を付けている。

……悪魔をな」

遠くを見ながら２人は語り合う。

スパイク「あんたはなんで、あんなものをくれた？」
ラシード「ぴったりの壺だったからさ」
スパイク「中に入ってたプレゼントだよ。リンパ球の形をしたナノマシンさ、ドクター・メンデロ」

煙を吐き、ラシードはスパイクの問いに軽い笑いをこぼす。
そしてラシードは語り始めた。

ラシード「……ある男が、この街に逃げてきた。３年前に……。そいつは言ったさ、恐ろしいものをつくってしまった、とな。それは、接触感染でも空気感染でも自在に出来るようプログラムされている。そして血液に入り込んで自己増殖し、リンパ球に擬態して自在に移動する。そして脳へと入り込んで破壊してしまう……」

Column #055 ラシード＝Dr.メンデロが発覚。この事実を知ったうえで、前半のラシードの立ち振る舞いを見直すと興味深い。スパイクに接触してきたのはラシードのほう。しかし、上記の述懐のように特に打開策があったわけではないのだろう。まるでスパイクに一縷の望みを託していたかのようだ。

ラシード「そして自分自身を分解し、蛋白質となって排出され、一切の痕跡を残さない。そうプログラムされてるそうだ……」
スパイク「俺が知りたいのは、ひとつだけだ……ヴィンセントは、なぜ生きてるんだ？」

階段から街を見下ろす２人。

フェイ 「あんた…一体何がしたいの？ 金目 [illegible]
[illegible]……[illegible]」
[illegible] 探してるだけだ。扉をな」
フェイ 「……トビラ？」
[illegible]「夢を見ていて……それが夢だと気づいてるのに、それでも目が覚めない……そんな経験あるか？」

[illegible]

ヴィンセント「あのとき……タイタンにいたあのときから、ずっとそうさ」

フェイは口を開くが、ことばが見つからない。
窓の外を見つめ、ヴィンセントは語り続ける。

ラシード「ヴィンセントは実験体だった。男はヴィンセントの血液に、カウンターナノマシンを仕込んでおいたのだ」
スパイク「カウンターナノマシン？」

タイタンの砂漠。砂嵐が吹き荒れている。

ラシード「ナノマシンと同様に感染して広がり……ナノマシンを停止させる。つまりワクチンの実験だった。……暴走を止めることが出来るはずの人間が暴走してしまったわけさ。ヴィンセントの目的はわからん……目的などないかもしれない。ただ世界の果てで、審判が下る日を待っているのかもしれん」
スパイク「ドクター・メンデロはすべてを持ってるんじゃないのか。ナノマシンもワクチンも」

階段を下りながら語るラシード。
階段の途中で歩みを止める。

ラシード「男はすべての研究データを消去して軍から姿を消した。解毒剤のない毒など使うはずがない、そう考えたのさ……。男はもう、ここにはいない。存在しない……ヴィンセントを止められる者は、いない」

空を渡り鳥の群れが飛ぶ。
スパイクのタバコが燃え尽きる。
ラシードは空を見上げる。

Column #056 ヴィンセントが兵士として送られていたタイタン。同じく兵士として、TVシリーズのビシャスとグレンもこの地にいた。内戦が10年近く続いていたが、それには火星政府が大きく関与していたらしく、火星軍からも派兵されている。

ヴィンセントの部屋。窓の外を見つめ続けるヴィンセント。

ヴィンセント「タイタンで失ったものがふたつある。ひとつは過去だ……

砂嵐のタイタンの砂漠を、疲れた足取りで進む兵士のヴィンセント。
たったひとりで歩き続けている。

……あのとき……敵も味方もなく、ただ、ナノマシン兵器の実験のために、誰もが殺された……。俺は実験体として送りこまれ、ただひとり生き残った。だが俺は、記憶を失っていた。自分が誰なのかすらわからなくなっていた……」

フェイ、怪訝そうに尋ねる。
ヴィンセントの答えに驚き、顔を上げる。

フェイ　「……もうひとつは、何？」
ヴィンセント「蝶を見ただろう」
フェイ　「……！」

空を見上げるヴィンセント。

ヴィンセント「……俺は無数の蝶を見た……

金色の、無数の蝶が暗い空を舞う。

……この世のものとも思えない蝶をな……」

薄暗い研究室。試験管の血液を検査していたスティーブは驚いて顔を上げる。
その背後にはハリスが立っていた。

ラシード「ナノマシンが脳に到達したとき、光が見えるそうだ。それはまるで……」

Column #057　モノレールの事件以降、エレクトラに不信感を抱いていた大佐たち。ハリスはスティーブを監視していたようで、スティーブがエレクトラの血液の中にカウンターナノマシンを発見すると、すぐさまスティーブと接触を図った。

ヴィンセント「この世で最も美しい蝶……」

燐分のように光を散らす蝶。
しだいにその形がボロボロと崩れていく。

ラシード「……長話しすぎたな」
スパイク「ラシード。ドクターに渡しといてくれ」

建物から飛び立つ鳥を見上げるラシードの
スパイク[illegible]

スパイク「もしまた会ったら、でいいぜ」

ラシードにパンチを食らわすスパイク。
軽くうめき声を上げてよろけるラシード。

ラシード「……そうしよう」

不敵に笑い返すラシード。

ラシード「では、インシャラー」

立ち上がったラシードは、手すりを滑るように去っていった。
スパイクは踵を返して立ち去ろうとする。

スパイク「……!!」

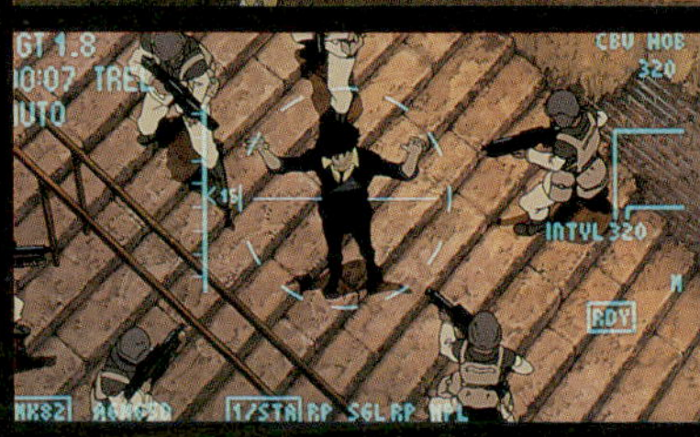

物音に振り返ると、そこには武装した兵士たちが。
階段の上からも、建物の上からも照準で狙われている。
スパイクはやれやれとホールドアップ。

288

Column #058 「インシャラー」とはアラビア語のあいさつのことば。何ごともなかったかのように、手すりを滑り降りていくラシードがおもしろい。その後駆けつけた兵士たちの一部はラシードを追いかけている（エンディングを見る限り、無事逃げおおせたようだが）。

大佐室に入ってきたエレクトラは銃を持った兵士に囲まれる。
そこに待ちかまえていたのは大佐とハリス。

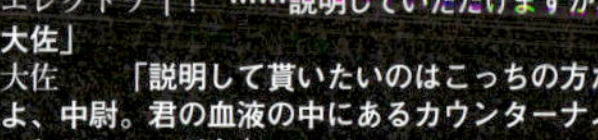

エレクトラ「！　……説明していただけますか、大佐」
大佐　　　「説明して貰いたいのはこっちの方だよ、中尉。君の血液の中にあるカウンターナノマシンについてな」
エレクトラ「!!」
大佐　　　「まさに燈台もと暗し、ってやつだよ……

エレクトラに答える大佐とハリス。

……ヴィンセントだけに使用したはずのものが、なぜ君に感染しているのか……」
ハリス　「彼と接触があったな？　情報漏洩回避のため、君を拘束する」
エレクトラ「大佐！　私の中にワクチンがあるのなら、培養して民間人に使うことも出来るはずです」
大佐　　　「まるでわかってないな……」
エレクトラ「えっ……？」
大佐　　　「我々の目的は、ナノマシンに関するすべての情報を抹殺することだと言ったろう？

大佐、エレクトラを冷酷な目で見やる。

ないはずのものが存在してはならんのだ」

ハリスと兵士に連行されてくるエレクトラ。先に独房にいたスパイクが挨拶する。

スパイク「よ」

驚いて見ているエレクトラ。
横目で見つつ歩いていく。

ビバップ号。リビングの階段で寝ているエド。
ジェットの独白が重なる。

ジェット「俺たちみたいな関係は、なんなんだろうな……」

Column #059　エレクトラとヴィンセントは同じ火星軍の特殊部隊に所属していた。エレクトラがヴィンセントと「接触」し、カウンターナノマシンを有するようになったのはその火星軍時代、ヴィンセントがタイタンに赴く直前だと思われる。

ジェット「仲間意識が強いわけでもない。そんな絆なんてありゃしない。それぞれ好き勝手やって、好き勝手に帰ってきて……俺は振り回されてばっかりだ。

……もう沢山だよ。……一人でいた頃が懐かしいぜ……」

[illegible]いるジェット。

ゲーム途中の将棋盤。傍らにはアインが寝ている。

ジェット「あと一手で、俺の勝ちだったんだ……あっ、コラッ！　アイン！」
アイン　「クゥン……」
ジェット「かまいやしねぇ、あいつらが帰ってこなくったって……」

将棋の駒を見つめているジェット。
すると、目を覚ましたアインが将棋の駒を動かしてしまう。
思わず叱るジェット。
しかし、耳を垂れてうなだれるアインを見て、ジェットはアインの頭を撫でてやる。
ジェット、遠くを見るように呟く。

スパイク「賭けのとおりになったな。あのとき言いかけたんだ。コインの裏が出たらデートしよう、ってね……ま、デートの場所にしちゃ、殺風景だけどな」

独房、ベッドに寝そべるスパイク。
足をブラブラさせている。

エレクトラ「……こわくないの？」
スパイク「こわい？」
エレクトラ「ここを出るときは、記憶を消されるか、殺されるか……いずれにしろいままでの人生を消されるのよ。たとえ生きてても、死んでるようなもの……」
スパイク「ヴィンセントのようにか」

膝を抱え込み、うつむいて座るエレクトラ。
スパイクのことばに顔を上げる。

スパイク「あんたがあのモノレールの事故でも生きてる、ってことはあんたの中にもあるんだな？　何とかナノマシン……とかいうワクチンみたいなのが」
エレクトラ「……なんでも知ってるのね」
スパイク「あんたに言われたとおりだよ」
エレクトラ「えっ？」

鉄格子に近づくスパイク。
鉄柵の隙間から距離を計るように手足を伸ばす。

Column #060　本来シナリオの段階ではジェットのセリフはいま以上に大量にあったという。だが時間の都合上それを削らざるを得なくなった。しかし上のジェットの述懐だけは削ることが出来なかったという。

背中丸めているエレクトラ。
スパイクのことばに振り向き、手をついて立ち上がる。

スパイク「知り過ぎて命を縮めてる」
エレクトラ「……ただの賞金稼ぎとは思えないわ、スパイク・スピーゲル」
スパイク「あんたもただの軍人にしとくにゃもったいないぜ」
エレクトラ「エレクトラよ、エレクトラ・オヴィロワ」

スパイク、柵の強度を調べるかのように柵をつかむ。
話しながら、エレクトラの部屋のほうを向く。

スパイク「どうりでな」
エレクトラ「えっ？」
スパイク「強そうな名前だ」

スパイクのことばに一瞬キョトンとして、フッと微笑むエレクトラ。
壁にもたれ、ジャケットを脱ぐ。

エレクトラ「……ずっと知らなかった、自分の中にそんなものがあるなんて。

エレクトラ、床に座り込んで話している。

……ヴィンセントは……あの人は生まれたときからひとりだったの……。幼いころから与えられたのは戦意と敵意だけ……誰にも愛されたことがなかった……

壁際に座って聞いているスパイク。

だから、彼を救いたかった。救えると思ってたの……でも思い違いだった。

語りながら、脱力したように横を向くエレクトラ。

あのときモノレールで、ヴィンセントは、まるで見たこともない人間を見るように私を見た……私は彼の中から消えてたのよ……」
スパイク「奴に惚れてたのか」
エレクトラ「……わからないけど……」

Column #061 独房でのスパイクとエレクトラのやりとり。アフレコ時には、実際に画面の雰囲気に近づけるため、スパイク役の山寺宏一とエレクトラ役の小林愛だけが録音ブースに入り、部屋を暗くして、ついたてを立てて録音したという。

エレクトラ「自分の中に、自分の知らない感情が溢れてきて……それがなんだかわからなくて、ただ胸が苦しくて……。そんな経験、したことある？」
スパイク「……あるさ」

じっと聞いていたスパイク。
エレクトラの問いにポツリと答える。

エレクトラ「[illegible]のはきっと、私の力……」
スパイク「……[illegible]昔、[illegible]が[illegible]話だ……」

[illegible]表情[illegible]上げる。

スパイク「俺は何もこわいモンなんてなかった……死ぬことなんて、これっぽっちもおそれちゃいなかった。いつ死んだっていいと思ってたんだ。

何かを思い出すように語り始めるスパイク。

……でも、ある女に会ってから……生き延びたい、そう思うようになった……。はじめて、死ぬことがこわいって思うようになった。それまでそんな感情を知らなかったんだ……」
エレクトラ「その人は、いま……？」
スパイク「……どこかへ消えちまった……。不思議だな、こんな話するの、あんたが初めてだよ」

壁を隔てて背中合わせの2人。

エレクトラ「あなたは……なぜヴィンセントを？」
スパイク「あいつは俺と同じ匂いがするんだ」

エレクトラ、少し顔を上げて。

スパイク「だから逢いたいんだ。あいつに」

スパイク、穏やかな表情で。

Column #062 スパイクが「生き延びたい」と思うキッカケとなった「ある女」とは、もちろんTVシリーズに登場するジュリアのこと。この映画のエピソードのあと、TVシリーズでスパイクがジュリアを巡る因縁について決着をつけることを考えると、ここでのスパイクの告白はTV最終話への布石とも取れる。

ランタン工場から出て来たムラタ、パトカーに気づきあわてて駆けだす。
場面変わり、ヴィンセントの部屋。
床に寝ているフェイ。
ヴィンセントのことばにハッとなる。

313

ヴィンセント「[illegible]いけない」

フェイの反応を見やるヴィンセント。

ヴィンセント「…そうか、お前の仲間か」
フェイ　「なんで知ってるの？　……何を始めようっていうの？」
ヴィンセント「俺は、終わらせるためにここにいる……最後のパーティが始まるのさ。今度のトリックは特製のナノマシンだ。消滅せずに無制限に広がり、やがて世界を……」

フェイ、屹然と言い放つ。
しかしヴィンセントは意に介さない。

フェイ　「世界を道連れにでもするつもり？　あんた……狂ってるわ」
ヴィンセント「そう思うか？　正常と異常の境界線など誰に引ける？　ふとしたきっかけで入れ替わらないと、誰に言える？　……もうすぐわかる……

割れたガラス越し、ヴィンセントの瞳。

狂ってるのはきっと、この世界の方さ」

フェイの身体をまたいで立つヴィンセント。
ナイフを取り出す。

ヴィンセント「一緒に来るか？　残るのは俺と、お前だけだ」
フェイ　「冗談じゃないわよ。世の中がどうなんのか知らないけど、あんたと二人きりで生きてくくらいならッ……！」

滑るようにナイフを動かし、ヴィンセントはフェイの服のホックを切る。

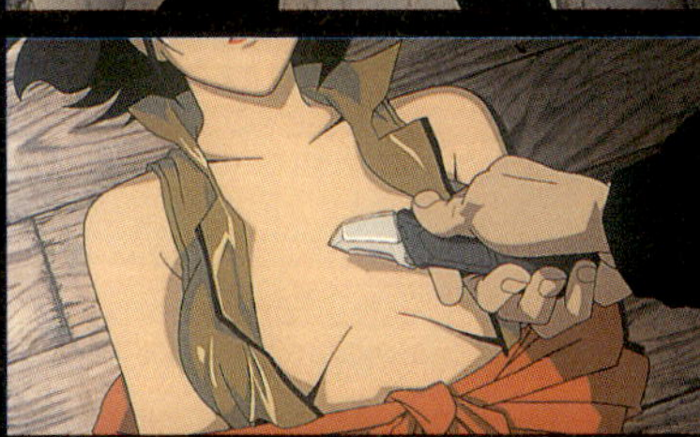

Column #063　「たったひとりで生きていけばいいわ」。ヴィンセントに対して言い放つフェイのことば。ビバップ号の仲間と出会うまでひとりで生きてきた彼女だからこそ、ヴィンセントに対してこう告げる権利がある。それはまた、フェイとヴィンセントの、わずかだが決定的な違いでもある。

Fingers

フェイ　「……たったひとりで生きていけばいいわ」

喉元にあてられるヴィンセントのナイフ。

ムラタ　「ヴィンセント」
ヴィンセント「ここへは来るなと言ったはずだ」
ムラタ　「あ、ああ……。ジャックの仕込みは終わったんだ。早くここから出たいんだよ。警察もウロウロし始めてるしさ。だから、残りの金をさ……」
ヴィンセント「祈りは捧げたか？」
ムラタ　「えっ？」

ドアのほうから足音。
フェイのもとを離れ、歩いてくヴィンセント。
ムラタがやってきて、ヴィンセントに懇願する。

身体を起こしてドアの方を見るフェイ。
ナイフで刺す音を聞き、険しい表情に。

ムラタ　「うおっ！　はぁっ……!!」

背中にナイフを刺され、崩れ落ちていくムラタ。

ヴィンセント「天と地を結ぶ橋……俺は、そこにいる」

平然と歩いてくるヴィンセント。
フェイを見下ろし、話す。

ヴィンセント「この世界でひとり、この煉獄を見届けるがいい」

フェイにことばを言い残し、コートをひるがえして去っていく。

Column #064　「天と地を結ぶ橋」――。思想家のロラン・バルトがエッフェル塔について書いた思索的なエッセイ「エッフェル塔」にある一文。これにインスパイアされた渡辺監督は、ラストの舞台をタワーにしたという。

独房内。
エレクトラを迎えに来たハリスと兵士２人。

325

エレクトラ「……私はどうなるの」
ハリス　「君も軍人なら、覚悟は出来てるんだろう？」

隣の柵付近から声かけるスパイク。
兵士１に話しかけ、注意を逸らしたところで足を蹴り、バランスを崩させる。

326

スパイク「なあ、タバコくれよ。一本ぐらいいいだろ」
兵士１　「どうしますか」
ハリス　「構うな」
兵士１　「うあっ！」

327

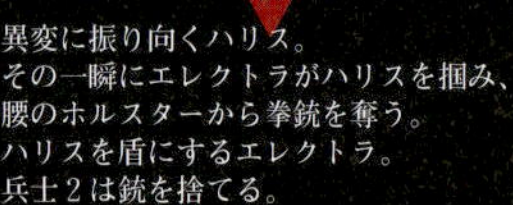
異変に振り向くハリス。
その一瞬にエレクトラがハリスを掴み、腰のホルスターから拳銃を奪う。
ハリスを盾にするエレクトラ。
兵士２は銃を捨てる。

ハリス　「うおっ！　……ま、待て、待て！　撃つな、撃つなよ！」
エレクトラ「銃を捨てなさい。ハリス、ここを開けて」

スパイク、捕らえた兵士１からタバコを１本抜き、銃も奪う。
エレクトラは独房から脱出。

328

スパイク「もらっとくぜ」

ISSPオフィス。
モニターの前に集まった一同。
意気込むホフマンとシャドキンス。

329

ホフマン「で、場所はどこだ？」
オペレーター「水道プラントです。リーのハッキングルートを解明中、奴が侵入した形跡を見つけました」
シャドキンス「そうか！　奴ら、水道にまぜて街中にバラまく気だな」
ホフマン「対テロ部隊を急行させろ」
刑事１　「はいッ！」

ホフマンに注進するシャドキンス。
ホフマン、不機嫌な表情。

330

ホフマン「見てろよ」
シャドキンス「あ、あの……本部長の許可は？　ちゃんとやっとかないと、あとでマズいことに……ついでながら、署内も禁煙……」
ホフマン「ふーっ……（煙吐く音）。顔色ばっかりうかがってたって……」

Column #065　この世界ではナノマシンの軍事利用を禁じる「アムステルダム条約」が締結されている（あまりの威力のため、都市丸ごと全滅するという悲劇を経験したため）。よってヴィンセントの陽動作戦は、I.S.S.P.の撹乱という意味では極めて効果的なのである。

minutes

ホフマン「何も解決しねえんだ！」

シャドキンスを怒鳴りつけるホフマン。

ハロウィンづいてきた街を歩くヴィンセント。
マントに帽子の仮装をしている。

スパイク「ちょいと寄り道してくぜ」
エレクトラ「えっ？」
スパイク「あんたの血液はどこだ？」
社員　　「うわっ！」
エレクトラ「こっちよ」

チェリオスメディカルのエレベータ内。
エレクトラと、タバコくわえているスパイク。
エレベータが到着し、そこにいた社員に銃を向けつつ、エレクトラが先導する。

333

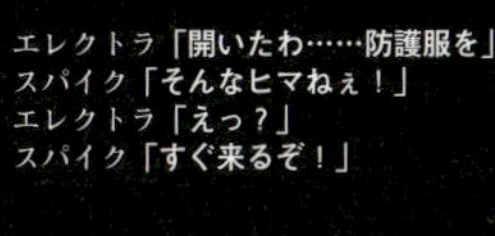
エレクトラ「開いたわ……防護服を」
スパイク「そんなヒマねぇ！」
エレクトラ「えっ？」
スパイク「すぐ来るぞ！」

サイレンが鳴り始める所内。
殺菌室に入るふたり。
走って進むスパイク。

スティーブ「ん……わっ！」
スパイク「エレクトラのワクチンはどこだ」
スティーブ「い、いまそこの３番目……いや２番目のケースで培養中で……」
エレクトラ「これ？」
スティーブ「そう、その中の黄色いパックだ」

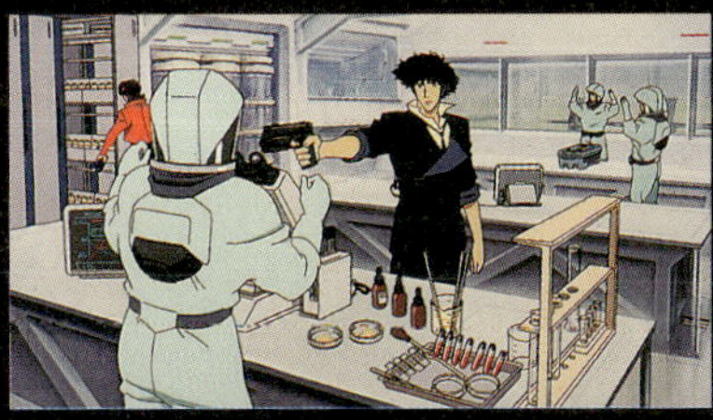

分析中のスティーブに銃を向けるスパイク。

スティーブ「ほ、ホントだって！　ただ、培養がまだ終わってない…… 20時間もすれば、ひとパック10万個ぐらいになるはずだ」

念を押すようにさらに銃を突きつける。
おののくスティーブ。
エレクトラはパックをケースに詰めていく。

Column #066　シャドキンスとホフマンがいるI.S.S.P.のオフィス。細かい話だが、そのパックにはパワーマックG4の姿が見える。2071年でもマックは生き延びている？

バッグを奪い、走り去ろうとするスパイクとエレクトラ。
見送るスティーブはエレクトラに声をかける。
控えめに礼を言うエレクトラ。

337

スティーブ「エレクトラ、すまない！ ……レベル3の廃棄物ブロックから行くといい」
エレクトラ「……ありがと」

スティーブ、やれやれ、と苦笑しつつ。

スティーブ「……デートはお預けかい？」

水道プラント。
強襲艇、パトカー、警察車両が続々と到着する。
パトカーから降り立ち、キッと一瞥をくれるホフマン。

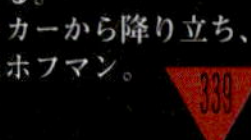

続々と各場所に展開していく対テロ部隊の隊員たち。

水道プラント制御室に乗り込んできたホフマン、シャドキンスたち。
驚く職員に対し、ホフマンは慇懃に言い放つ。

職員1　「お、おい、あんたら」
シャドキンス「ISSPだ。ここを使わせてもらうぞ」
職員1　「そんな話、聞いてないぞ！」
ホフマン「御協力願います」

フェイ　「ちょっと人には見せらんないわね、このカッコ……成仏してよ」

縛れているフェイ。
身体を転がしてムラタの死体に近づき、ムラタの身体に刺さったナイフを引き抜く。

Column #067 ISSPの対テロ舞台が水道プラントに展開する場面の絵コンテは、メカデザイナーとしても著名な出渕裕が担当。出渕はこれが「ビバップ」初参加となる。「建物などの設定を考えながらコンテが描けて、しかも特殊部隊などに詳しい人」ということで南PDが渡辺監督に推薦したという。

7minutes

エド　　「デンワ待ってるのー？」
ジェット「ん？　いや別に」
エド　　「ふーん。スパイクとフェイの連絡待ってるんじゃないの？」
ジェット「ん？　そういや見かけねえな。全然気がつかなかったな……」
（通信音　「ピピピ、ピピピ……」）
エド　　「ん！」
ジェット「[illegible]」

ビバップ号リビング。
明らかに連絡を待っているジェットに、エドがいたずらっぽく問いかける。
ジェットは無関心を装うが、、通信音が鳴るとエドより早く反応して通信機を取り上げる。

343

フェイ　「ヴィンセントが出てったわよ」

どこかの屋上駐車場。
ジャケットを前で縛りながら、通信する[illegible]

344

ジェット「フェイ、お前いままでどこ行ってやがった！」
フェイ　「ハデにやらかすつもりらしいわ。パーティがはじまるって」
ジェット「なんでお前がそんなこと……スパイク！　バカヤロウお前！　いままでどこ行って……ああ？　……ISSPは水道プラントに向かったらしいぞ」
スパイク「水道プラント？」

通信中のジェット。
そこにスパイクとエレクトラが戻ってきた。
スパイクに怒りながらも、エレクトラの存在に戸惑うジェット。
とりあえず情報をスパイクに伝える。

345

水道プラント内。
エレベータを使い、地下施設へと展開する隊員たち。
空調スペース、防水路などさまざまな場所を調べていく。

制御室。
通信１　「第4班、第2ゲート検索完了、異常なし」
通信２　「第2班、第3タンク、それらしきものは発見できません」
通信３　「こちら第3班、第4プラント入口付近に不審物発見」
よし！と顔を見合わせるホフマンとシャドキンス。
ホフマン「処理班を送る。形状は？」
隊員１　「は、はい、それが……カボチャの風船です」

フェイ　「おかしいじゃない。魔法使いのカッコして水道プラントなんて行く？」

レッドテイルを飛ばすフェイ。
ビバップ号と通信する。

346

Column #068　当の出渕裕は「あまり警察関係には詳しくない」と語るものの、合計で40カット程度の絵コンテを執筆。

ビバップ号、俯瞰。
話し合う一同。

347

エレクトラ「今日はアルバシティで、ハロウィンの仮装パレードがあるはずだわ」
スパイク「木の葉を隠すには森…ってことか」
ジェット「奴は街中でやる気か？　しかしどうやって……」
フェイ　「仲間の男が来たわ。ジャックの仕込みがどうとかって……」
ジェット「ジャック？」

納得したようにニヤリと笑うスパイク。
エドが被っていたカボチャのお面を振り返る。

348

スパイク「……なるほどな」

エレクトラとジェットも遅れて気づき、ハッと顔を見合わせる。

349

エレクトラ「ジャック・オー・ランタン……」
ジェット「ジャックのちょうちん……」
ジェット＆エレクトラ「!!」

解析カプセルに入ったランタン。
レーザーが当たり、パン！と割れる。

350

隊員１　「解析、始めます」

解析モニターを見ていたホフマンとシャドキンス。
シャドキンスは思わずくしゃみをしそうになるが、ホフマンに睨まれてあわてて口を押さえる。
そこに突然鳴り響く輸送機の爆音。

351

シャドキンス「ファ…ファ…」

急いで窓際に走るホフマン。

352

ホフマン「何ごとだ!?」

Column #069　「ジャック・オー・ランタン」(Jack-O'-lantern) は、米国のハロウィン祭の名物。カボチャをくりぬいて目・鼻・口をあけ，中にロウソクをともす飾物、あるいは仮面。もともとはカブでつくられるものだったが、カブがあまり手に入らない地方でその代用としてカボチャが使われ、それが定着したという。

輸送機から続々と降りてくる兵士たち。コマンドカー、化学防護車なども次々と現われる。

ホフマン「A班、応答しろッ……くそっ！　下の隊に連絡して状況を知らせろ！」
隊員　　「はっ」
シャドキンス「部長！」
ホフマン「どうした!?」

混乱するホフマンたち。シャドキンスはモニターに気づき叫ぶ。

シャドキンス「こりゃ……陸軍ですよ」
ホフマン「くそっ」
隊員　　「部長！」

陸軍の突然の介入に憤るホフマン。そこに部下からの声が。振り抱える2人。

ハリス　「指揮官は誰だ」
ホフマン「軍には要請を出したとは……

部下を連れて登場するハリス。

聞いてないぜ」
ハリス　「極秘任務だ」

ハリスにくってかかるホフマン。シャドキンスはハラハラしている。

ハリス　「この場所は軍が引き取る」
ホフマン「何ィ!?　どういう任務だ！」
ハリス　「言う必要はない」
ホフマン「なんだとォ？」
シャドキンス「解析結果が出ました！」

近づいてにらみ合うホフマンとハリス。そこにシャドキンスの声がかかる。

Column #070　水道プラントにやってきた火星軍輸送機。機体下部後方に大きなハッチがあり、中にコマンドカーや隊員たちが収納されている。この機体をはじめ、一部の車両以外を除きほとんどのメカをデザインしたのはメカデザイナーの山根公利。機能と外見が簡潔に結びついたデザインに特徴がある。

359

ホフマンとハリス、モニターを奪い合うようにのぞき込む。

ホフマン「結果だ、結果を早く！」
ハリス　「貴様、引っ込んでろというのが……」
ホフマン「うるせー！」
検査官　「成分は……

カメラに向かって結果を読み上げる検査官。一瞬、間をおいて、気まずそうに結果を知らせる。

窒素、酸素ほか、微量の二酸化炭素、アルゴン、ネオン、クリプトン……つまり……ただの空気です」

絶句の一同。
沈黙の中、シャドキンスのくしゃみが鳴り響く。

シャドキンス「ハッ……ハークション!!」

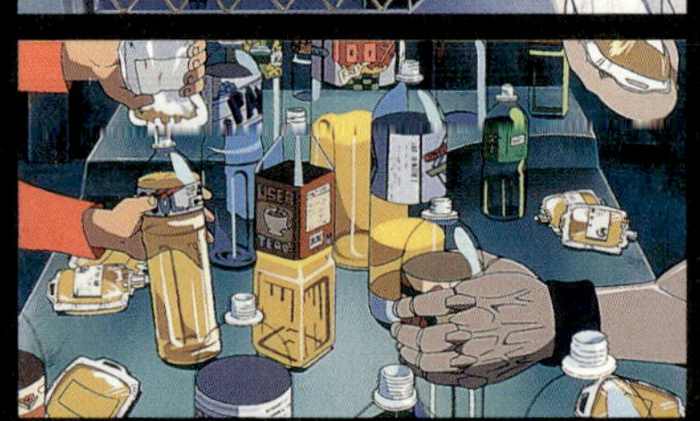

ビバップ号リビング。
ジェットやエレクトラたちがテーブルの上に大量のペットボトルを並べ、ナノマシンの培養液を移し入れている。

ジェット「しかし、街中がランタンだらけだぞ。どこをどう探しゃいい」
フェイ　「あいつは言ってたわ　天と地を結ぶ橋にいるとかって」
ジェット「なんだって？」

スパイクはソードフィッシュⅡで出発。

スパイク「ジェット、ヒコーキ用意してくれ。そうだな……2、30機」

リビング。作業を続けるジェットたち。

ジェット「何ィ？　お前はどうするつもりだ？」
スパイク「俺はソードフィッシュで先に行く」

Column #071　物語後半になるにつれ生き生きとしてくるシャドキンスとホフマン。出渕裕の解釈も入っているのだろうか、ハリスとホフマンが刑事ドラマのようなノリになっているのも面白い。ちなみにシャドキンスは「ガニメデ出身。火星に来て急に花粉症になった」という設定があるらしい……。

ジェット「おい、ちょっと待て！」
スパイク「フェイ、お前は気象コントロールセンターに行ってくれ」
フェイ　「ちょっと、待ちなさいよ！」

ビバップ号甲板から飛び立つソードフィッシュⅡ。
スパイクはフェイと通信。

フェイ　「あいつは、この世界が滅んだって生きてんのよ。勝てっこないじゃない！」

コクピットのフェイ。

スパイク「俺はあいつに借りがあるんだ」
フェイ　「ムチャだってば！」
スパイク「あいつがただ、この世界を滅ぼしたいだけなら、とっくにそうしてるさ」
フェイ　「えっ？」
スパイク「これは奴からの招待状だ。客が来なきゃパーティは始まらねぇ」

コクピットのスパイク。不敵に言い放つ。
通信先のフェイは戸惑う。

スパイク「行ってくれ。お前が動いてくれなきゃ場がしまらねえんだ」

スパイク、フェイにダメ押し。

スパイク「……頼んだぜ」
フェイ　「……もうっ！　バカは死ぬまで直んないわっ！」

フェイ、一瞬迷いつつも、心を決める。
方向転換するレッドテイル。

スパイク「ん？　……ったく、ヒマな軍隊だぜ」

ピー、ピー、ピーとレーダーの警告音。
モニターを見ると3機ほど機体が接近中。
スパイクはぼやく。

Column #072　スパイクのセリフ「お前が動いてくれなきゃ場がしまらねえんだ」は、のちに女性スタッフ、キャスト陣から大ブーイングが巻き起こった。「フェイの好意につけ込んで利用するなんてズルイ！」ということらしいが……さて真相は？

ミサイルを発射し、展開する火星軍機。
スパイク「お前らと遊んでる場合じゃねえんだッ」
追ってくるミサイルをかわすスパイク機。チューブ道路の下に移動し、支柱をかわして飛行する。追ってくる火星軍機。
スパイク機は発光弾を撃ち、視界を奪われた火星軍機は支柱に激突する。
クレーター都市の目前までやってきたスパイク。

371

ジェット「非常事態なんだ！　どうにかしてくれ！」
老人　　「そうは言ってもねえ……やっぱり、戦闘機は全部ショーに駆り出されてて、残ってないわな」
ジェット「時間がないんだ！　なんでもいいんだよ、飛びさえすれば！」
老人　　「んー……」

民間飛行場のカウンター。
受け付けの老人と交渉するジェット。

Column #073　スパイク機の空中戦シーンの絵コンテを手がけたのは、TVシリーズでメカ作画監督を務めた後藤雅巳（セッション#1のみ佐野浩敏）。

老人　「なんでもいいんだな？」

何か思いついたのか、ニヤリと笑う老人。

女子職員「きゃあっ！」

気象センター入口。レッドテイルが降下して乗りつけ、突風が起こる。

スパイク「パーティにゃまだ早過ぎるぜ！」
クレーターの壁面に向かって上昇するスパイク機。火星軍機の銃火が機体をかすめる。
スパイク機はプラズマカノン砲を発射し、壁を爆破。追ってきたミサイルを爆発煙の中でかわしていく。
アンテナ群をすり抜け、上昇、急降下し、塔のすぐ側を機銃で破壊しながら通過。
追ってきた火星軍機は塔の破片にぶつかり、爆発する。

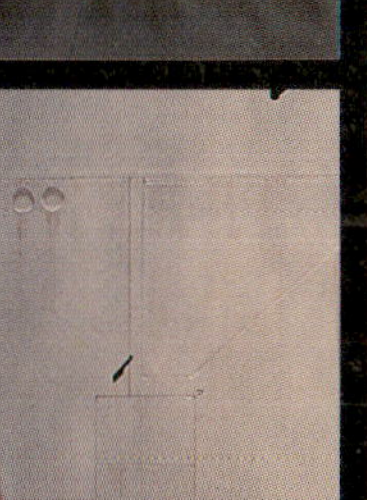

エアカーテンの横を通り、チラリと横を見るスパイク。
そのままエアカーテンの中に入っていく。

Column #074　後藤雅巳が担当したのは50〜60カット。最初後藤は下書きとして使用されるのだと思い、原画用紙に流れを描いていたところ、それが縮小されて絵コンテになっているのを見て驚いたという。ちなみに、バックで流れている“What's planet is this?!”はアルバムバージョンのほう。

滑走路を進む古い飛行機たち。

不安そうなジェットと、余裕の笑みの老人。

老人　　「ま、昔ながらのヒコーキもいいもんだって」
ジェット「……ホントに飛ぶのか、これ？」

複葉機のソードフィッシュに乗ったアントニオたち。
相変わらずのやりとりでジェットはイライラ。その後、ジョビンのセリフを聞いて思わずガクッと。

377

アントニオ「まかしとけって、こいつを空からバラまきゃいいんだろ」
ジョビン「年寄りの冷や水はよくねえぞ」
カルロス「どこまでだ？　土星までか？」
アントニオ「バッカ言うな！　農薬まくのに宇宙行ってどうする」
ジェット「街だよ！　アルバシティの街までだ！」
ジョビン「わかっとる、冗談だ」

次々と飛び立ちはじめる旧式飛行機たち。

感心したようにボソッと呟く老人。
驚くジェット。
その目前では飛行機が空中で大破……。
パラシュートも見える。

老人　　「ほーお、本当に飛びおった」
ジェット「えっ？」
老人　　「展示会用の骨董品だからな。もう何十年も飛んどらん」
ジェット「……あ！」

次々と落下していく飛行機たち。
頭抱えるジェット。感心している老人。

ジェット「ああ…ああ…」

Column #075　空中からカウンターナノマシンを散布するのに使われる、複葉機などのクラシカルな機体。これらはすべて実在する機体がモデル。チョイスはもちろん山根公利。中でもアントニオら“3爺”が乗る機体はソードフィッシュといい、スパイク機「ソードフィッシュII」の名前の元ネタの機体である。

チューブ道路を車で飛ばすエレクトラ。
次々と他の車を追い抜いていく。

市街上空。
銃火をかわし、賢背中エリアの溝を飛行するスパイク機。橋をくぐり抜けたところで、右翼を被弾する。
スパイク「ぐっ！」
ピッタリ後方に付けてくる火星軍機。2機はそのまま河に出る。
スパイク、前方に橋と2隻の船を発見。プラズマカノンを構える。

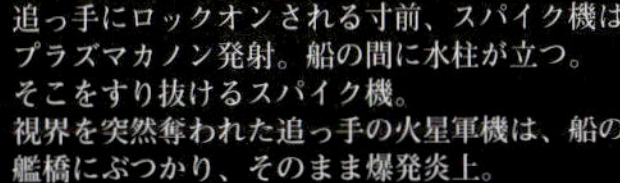

追っ手にロックオンされる寸前、スパイク機はプラズマカノン発射。船の間に水柱が立つ。
そこをすり抜けるスパイク機。
視界を突然奪われた追っ手の火星軍機は、船の艦橋にぶつかり、そのまま爆発炎上。

Column #076 空中戦の後半の原画は、メカ作画監督の後藤雅巳が敬愛するアニメーター・板野一郎が手がけている。板野一郎は「超時空要塞マクロス」のドッグファイトシーンで「板野サーカス」と呼ばれる流麗なメカアクションを生みだした。その影響は「ビバップ」の中にも息づいている。

煙を噴きながらもなんとか市街上空を飛ぶソードフィッシュⅡ。

ガタガタと揺れる機内。操縦がきかない。

スパイク「ええいっ、このポンコツ！」

ソードフィッシュⅡは煙を噴きつつ、フラフラと橋の方まで飛行していく。

口笛を吹きながら橋の上を運転していたタクシー運転手。
上空をいきなりスパイク機が通り過ぎ、驚きの声を上げる。

タクシー運転手「……あぁっ!?」

道路に軟着陸したスパイク機。火花を散らし、スピンして止まる。その直前で急ブレーキするタクシー。

ハッチを開けてなんとか出てきたスパイク。運転手に向かって手を上げ、ひと声。

スパイク「ヘイ、タクシー」

Column #077 スパイクを乗せるタクシーの運転手はなぜかパンクスである。アフレコ時、「パンク調の口笛で」というオーダーに、運転手役の声優も困り果てたという。

フェイ　「いちばん偉い人は誰？」
オペレーター1「はあ？」
オペレーター2「誰ですか、あんた」
フェイ　「見てのとおりの、しがないテロリストよ」

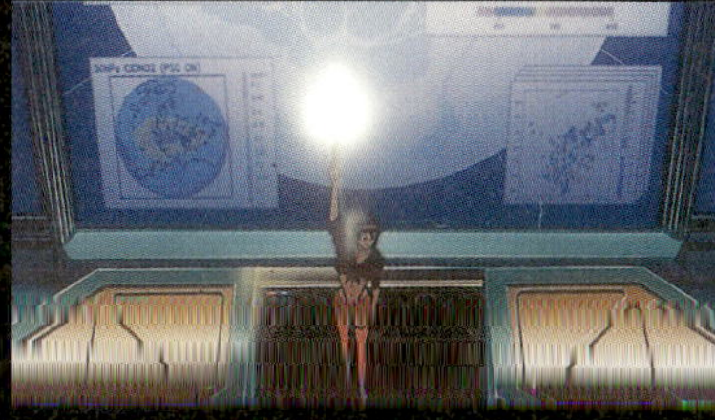

気象センターのコントロール室。
フェイが乗り込んできて、セリフの直後、天井に向かってマシンガンを乱射。

オペレーター3「こ、こんな所で何をする気だ」
オペレーター1「よ、要求は!?」
フェイ　「雨を降らせてほしいの」
オペレーター3「な、何で……」

ざわめく職員たち。

フェイ　「そうね……お祭りだからじゃない？」

フェイ、ちょっと考えて、微笑みながら振り向く。

アルバタワー上。
鉄骨の上を歩くヴィンセント。

大通りを進む巨大バルーン。
見物客の前を仮装パレードがいく。
ビル街、歩道橋、アルバタワーの前にそれぞれ浮かぶ巨大バルーン。

Yo pumpkin head

Column #078 パレードのシーンに、TVシリーズ時に人気を博したあるキャラクターが紛れている。他の隠れキャラとしては、リーの携帯ゲームのキャラクターが、TVシリーズから随所に登場していた「モカチュウ」。また、多田葵が演じている「20代OL」というのも登場している。気づいた？

アルバタワーの上から巨大バルーンを見渡しているヴィンセント。

渋滞に巻き込まれているタクシー。イライラしているスパイク。

タクシー運転手「ダメだね、こりゃあ。今日はパレードがあるんで、どこも渋滞だよ」

何かに気づいたようにサンルーフから乗り出すスパイク。その先にはアルバタワーが見える。

スパイク「……天と地を結ぶ橋……」

屋根から飛び出し、ボンネットを踏んで走り出すスパイク。驚くタクシー運転手。

タクシー運転手「お、おい、ちょっと！　タクシー代!?」

そびえ立つアルバタワー。内部をエレベータが上昇していく。

エレベータ内部。止まってドアが開く。歩き出すスパイク。

Column #079　最後の舞台となるアルバタワーは、フランスのエッフェル塔がモデル。また、今回の舞台となっている火星の都市アルバシティーの「アルバ」とは実際に火星に存在する地名。

周囲には誰もいない。
聞こえるのは風の音のみ。
辺りを警戒しながら歩くスパイク。
魔法使いの帽子が風で飛んできて、スパイクは銃を構える。

398

警戒するスパイク。銃を構えながら周りを見渡す。

視線を鋭く配るスパイク。
ヒュルルル……と花火の上がる音が聞こえる。

激しくたなびくコート。

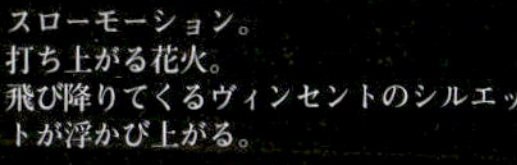

スローモーション。
打ち上がる花火。
飛び降りてくるヴィンセントのシルエットが浮かび上がる。

スパイクに降下していくヴィンセント。
気づいたスパイクも銃を向ける。

Column #080 静寂の中、落下してくるヴィンセント。その背後で上がる花火。２人きりの死闘の幕開けを祝うかのような、心憎い演出だ。画面設計としても素晴らしく、また、モノレールでエレクトラが撃たれるシーン同様、スローモーション・シーンであることをより分かりやすく伝える効果もある。

銃を構え、発砲するヴィンセント。スパイクは脇を被弾する。一方、スパイクの撃った弾はヴィンセントの手を貫く。
が、貫かれた手でそのままスパイクの顔をつかむヴィンセント。
倒れながらスパイクはヴィンセントの銃を蹴り、ヴィンセントを投げ飛ばす。
倒れた両者。その背後には花火。
倒れた市姿勢から蹴りを繰り出すヴィンセント、迫るスパイクの銃を蹴り飛ばす。

スパイク、フットワークを踏みながら挑むように問う。

スパイク「パーティはもう始まってるのか!?」

片膝を立てたヴィンセント。

パレードの雑踏の中を歩いているエレクトラ。
かたや、アルバシティーの空を飛ぶ飛行機達。コクピットの3人も盛り上がっている。

406

カルロス「いやー、戦艦ビスマルクの撃沈を思い出すのう」
ジョビン「ウソつけ、ありゃ第二次世界大戦だろーが」
アントニオ「そろそろ街だ、おっ始めるぞ」

Column #081 鉄骨が複雑に組み合わされ、作画的にはかなりの難易度となるアルバタワー。当初はすべて手描きで描かれていたが、途中からタワーの3DCGモデルが作成されたため、それを参考に原画作業が進められたという。

機体から煙を出す飛行機たち。

407

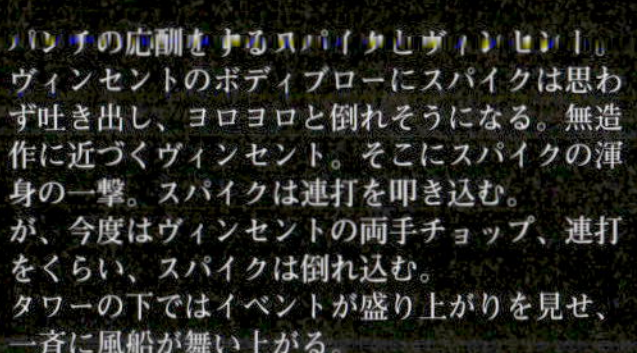

パンチの応酬をするスパイクとヴィンセント。
ヴィンセントのボディブローにスパイクは思わず吐き出し、ヨロヨロと倒れそうになる。無造作に近づくヴィンセント。そこにスパイクの渾身の一撃。スパイクは連打を叩き込む。
が、今度はヴィンセントの両手チョップ、連打をくらい、スパイクは倒れ込む。
タワーの下ではイベントが盛り上がりを見せ、一斉に風船が舞い上がる。
タワーのネオンに灯がともる。

ヴィンセント「来ると思ったよ。賞金稼ぎ。あのとき……ギリギリで急所を外しただろう？」
スパイク「あながちその目もフシ穴じゃねえようだな」

ヴィンセント、倒れたスパイクを待つように喋る。
苦しげに立ち上がりながら、ことばを返すスパイク。

408

Column #082 ヴィンセントの空気感染型ナノマシンに対抗するため、対抗プログラムを仕込んだカウンターナノマシンを雨雲の中に溶け込ませ、町全体に散布している。ラストでオンボロ複葉機が登場するあたりは、'77年の映画「カプリコン・1」を彷彿とさせる。

スパイクのパンチをかわし、肘打ちを当てるヴィンセント。鉄骨にもたれるスパイクにキックを放つが、スパイクはそれを避ける。ヴィンセントはスパイクを投げ、コードを切断。ネオンの文字が点滅し、それに気づいた雑踏の中のエレクトラは走り出す。
スパイク、ヴィンセントに追いつめられ足場から転落しそうになるが、立ち上がって連続キックで反撃。ヴィンセントはクロー攻撃でスパイクの傷口をえぐる。
どうにか逃れ、距離をとるスパイク。

Column #083 中村豊入魂の格闘シーン。打撃技・関節技をふんだんに取り入れたアイデアも素晴らしいが、特筆すべきはフレームの取り方。あたかも動きの速い被写体をカメラで撮影しているかのように、ときおりキャラクターが画面から見切れる。これがスピード感を生み、またシルエット的なかっこよさにも繋がっている。

しゃがみこみ、荒い息をつくスパイク。

ヴィンセント「世界を救いにでも来たつもりか？　だがもう、手遅れだよ」
スパイク「悪ィな……俺はただの賞金稼ぎだ。この世界がどうなろうと、知ったこっちゃねえ……。

対峙するスパイクとヴィンセント。
ヴィンセントは、話しながらポケットから起爆スイッチを取り出す。

俺はただ、お前に借りを返しに来ただけさ」

ギラギラした瞳のスパイク。

ヴィンセント「脅しだと思うか？　本当にやるぜ」

スパイクを見下ろし、威嚇するヴィンセント。

スパイク「やれよ」

あくまで不遜な表情のスパイク。

ヴィンセント、ニヤリと笑ったままスイッチを押す。

Column #084　格闘シーンのバックに流れ続ける“Pushing the sky”。曲のクライマックスとバルーンの爆発がシンクロすることで、その後訪れる静寂をより効果的に引き立てている。音楽の使い方がうまい作品とは、音楽が鳴っていない場面でさえ印象深くしてしまうものである。

爆発する複数のバルーン。

ポケットをまさぐるスパイク。

416

取り出したのはタバコ。

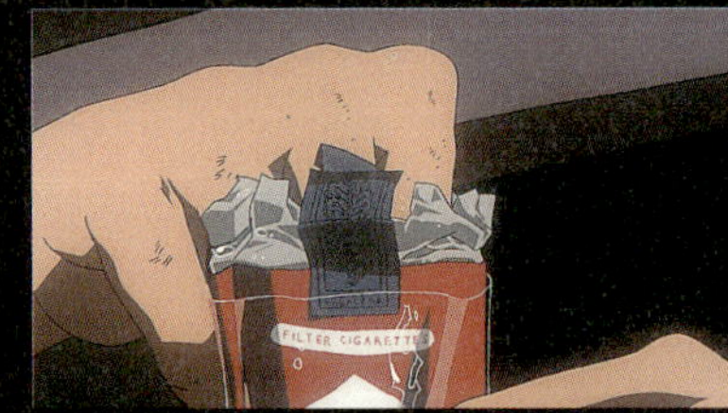

一本出し、口にくわえる。

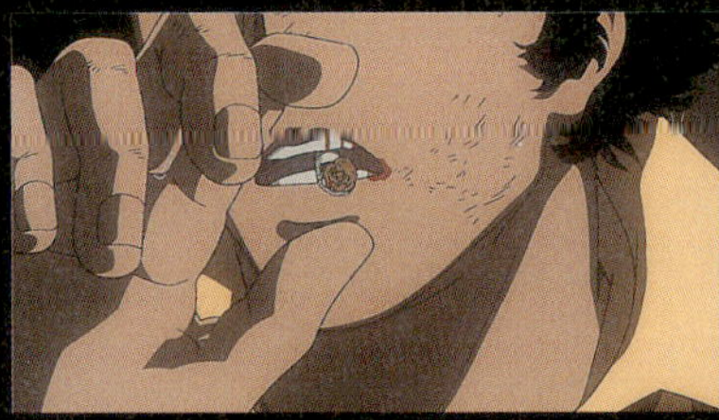

濡れていて火がつくはずもなく、ニヤリと笑う。

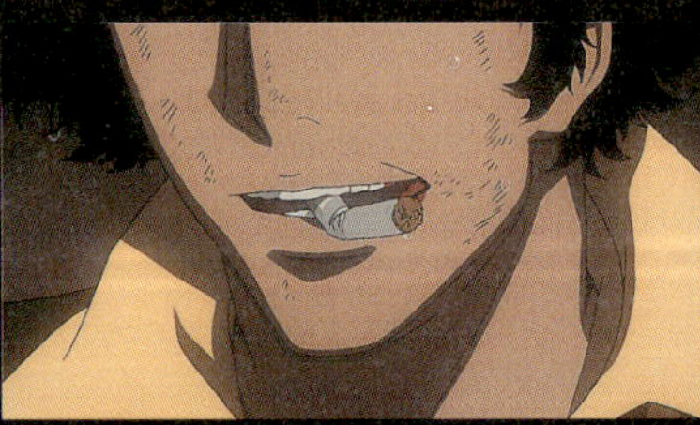

親指でピン！　とタバコをはじく。

Column #085　要所要所で登場するスパイクのタバコ。本映画において他者とスパイクを連結するポイントの役目を果たしていたが（ラシードとの出会い、独房からの脱出時)、ヴィンセントの前では火が付かず、投げてもヴィンセントには届かない。この時点での、スパイクとヴィンセントの関係性を象徴しているかのようだ。

ヴィンセントの足許に落ちるタバコ。

ゆっくりと立ち上がるスパイク。
間合いを取るように歩く2人。
聞こえるのは雨と風の音。

にらみ合う2人。

キックを中心に、こんどはヴィンセントを圧倒し始めるスパイク。
だが戦いの最中、身体に異変を感じ、顔に手をやる。
視界には黄金の蝶。
よろけながらも床に落ちた銃に近づいていくが、先にヴィンセントが銃を踏む。苦しげに見上げるスパイク。

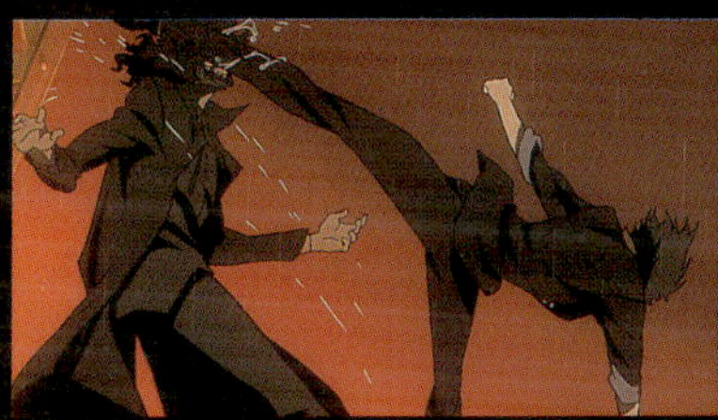

Powder

Column #086 目まぐるしい格闘シーンの中に、しかし大まかなストーリーがあることに注目。これまで一進一退の戦いを繰り広げていた両者だが、結果的に最後となるこの戦いでは、スパイクがヴィンセントを追いつめている。

スパイクに銃口を向けたヴィンセント。
カメラが引いていくと、周囲には無数の金色の蝶が飛んでいる。
そして、エレクトラの声が。

424

ヴィンセント「その命が尽きる前に教えてくれ……俺はとっくにタイタンで死んでいて……この世界は、チョウたちが俺に見せてる、夢なんじゃないのか？　それとも、チョウのいる世界が現実で……俺のいた世界が夢だったのか？　俺にはわからないんだ……」
エレクトラ「ヴィンセント！」

エレクトラの声にふたりが振り向くと、そこには銃を構えたエレクトラの姿が。

銃をヴィンセントに向けるエレクトラ。

エレクトラ「今度は……逃がさないわ」

ヴィンセント、スッとエレクトラに銃を向ける。

Column #087　印象的な蝶の大群シーン。これまでナノマシンに感染した人間だけが見えるはずだった蝶が、客観的な視点にも登場する。客観性を保ち続けていた視点（カメラ）と主観的な視点、その境界線がはじめて曖昧になる瞬間。このシーン、ひいては映画そのものが、まるで幻であるかのように変質する。

スパイク「ゴホッ、ゴホッ……だめだ……エレクトラ……ッ!!」

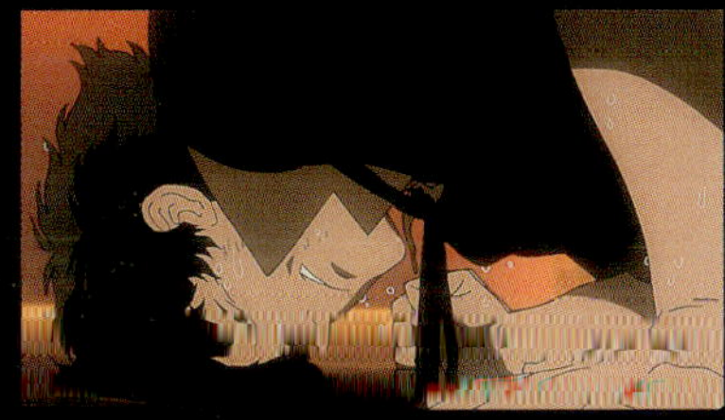

苦しそうに声絞り出すスパイク。

エレクトラ「行きましょう……いっしょに……」

エレクトラ、呟いたのち、目を閉じる。

構えるヴィンセント。
そのとき何かに気づき、目を見開く。

タワーに響く銃声。

エレクトラ、ハッと目を開ける。

エレクトラ「ヴィンセント！」

胸から血を流し、倒れているヴィンセント。
叫び、駆け寄るエレクトラ。

Column #088 スパイクに銃を突きつけたヴィンセントの独白。その問いかけはヴィンセントという人物の根幹であり、また「ビバップ」という物語の根底に流れ続けたテーマでもある。同様の問いを胸に秘めるスパイクは、TV最終話で彼自身の扉を開くため、ビバップ号を出るのだ。

スパイク、苦しげに顔を上げ。

スパイク「なぜ……撃たなかった……？」

ゆっくりと話し始めたヴィンセント。

ヴィンセント「思い出したよ……俺が愛した女だ……」

エレクトラは思わず息をのむ。

エレクトラ「……！」

雨が降り続けるタワーで語り続けるヴィンセント。

ヴィンセント「俺は、ここから出たかった。この世界から出る扉をずっと探して来たんだ……。いま、わかったよ。扉なんてどこにもなかったんだな……」
スパイク「とっくにわかってたはずだ。お前は……目を開くのがこわかったのさ」
ヴィンセント「ああ……。エレクトラ、俺が生きてきた中で、お前といたときだけが、現実のように感じられる……」

ヴィンセント、最期のことばを残し、安らかに目を閉じる。

ヴィンセント「最後にお前と会えて、よかったよ……」

呆然とヴィンセントを見つめていたエレクトラ。
頬に滴が一筋垂れる。

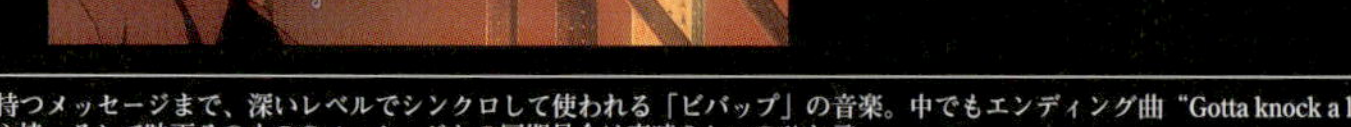

Column #089 音楽性のみならず歌詞の持つメッセージまで、深いレベルでシンクロして使われる「ビバップ」の音楽。中でもエンディング曲"Gotta knock a little harder"の歌詞とスパイク、ヴィンセントの心情、そして映画そのもののメッセージとの同期具合は素晴らしいのひと言。

Gotta knock a little harder

雨空に顔を上げるエレクトラ。

スパイクも空を見上げる。

タワーから空へ飛んでいく無数の蝶。
蝶は、ちりぢりに消えていく。

フェイ　「……雨は、何をしたの？」
ジェット「ナノマシンが広がるより速く感染して広がり……。恵みの雨になってるはずだ」
フェイ　「雨上がりには虹が出るか……」

アルバシティー上空。
飛んでいるレッドテイルとハンマーヘッド。

フェイ　「ねぇ？」
ジェット「あ？」
フェイ　「馬でも見に行く？」

ジェットの方を向いて競馬に誘うフェイ。

ジェット「へ？　……ふっ、懲りない女だぜ」

フェイからの誘いに一瞬戸惑い、苦笑するジェット。

Column #090　「劇場版　カウボーイビバップ」は、冒頭とラストが繋がることで、映画自体があたかもスパイクの回想、あるいは幻であるかのように解釈できる余地が残されている。

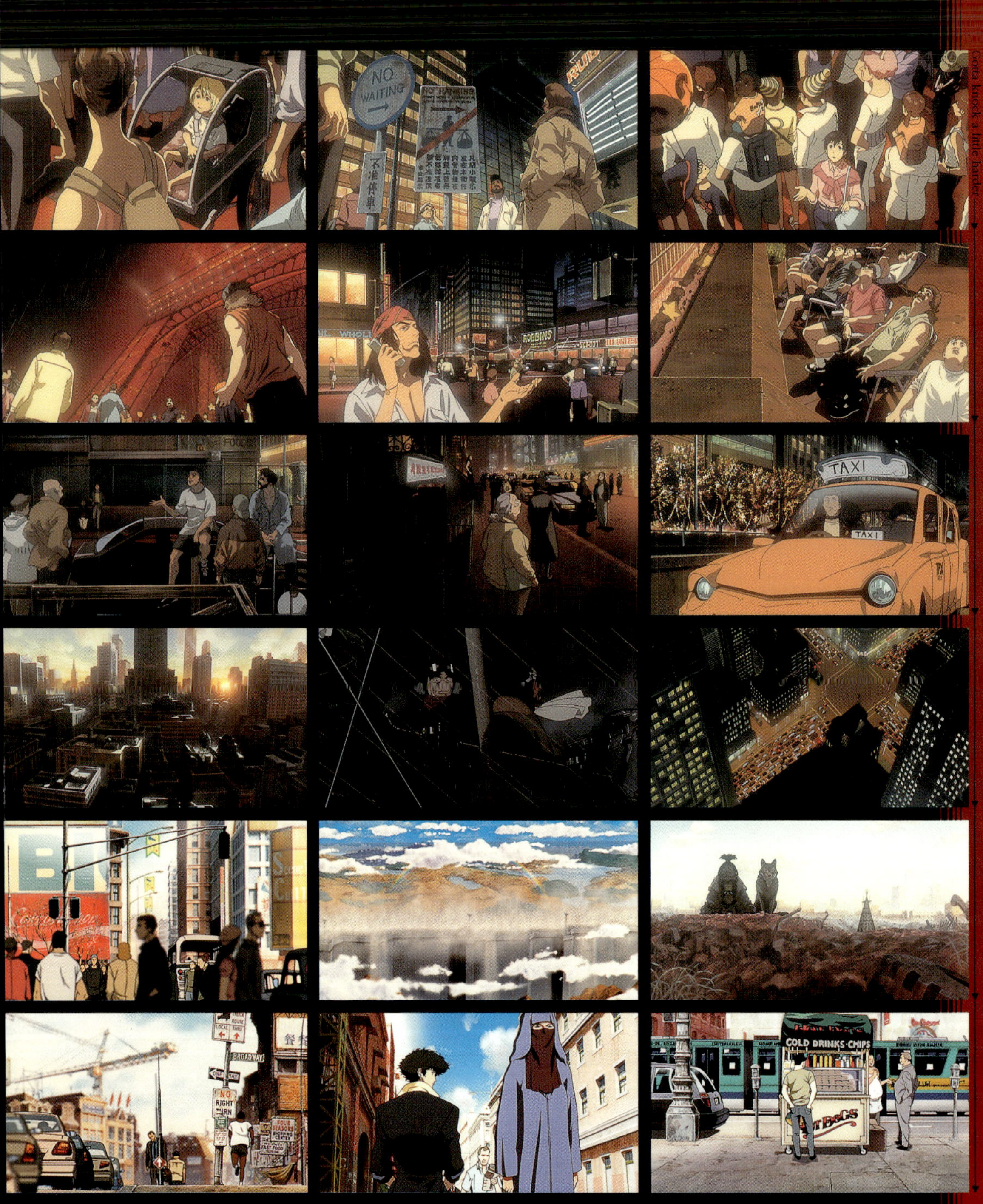
NO WAITING
TAXI
TAXI
ROBBINS
COLD DRINKS·CHIPS
BROADWAY
NO RIGHT TURN

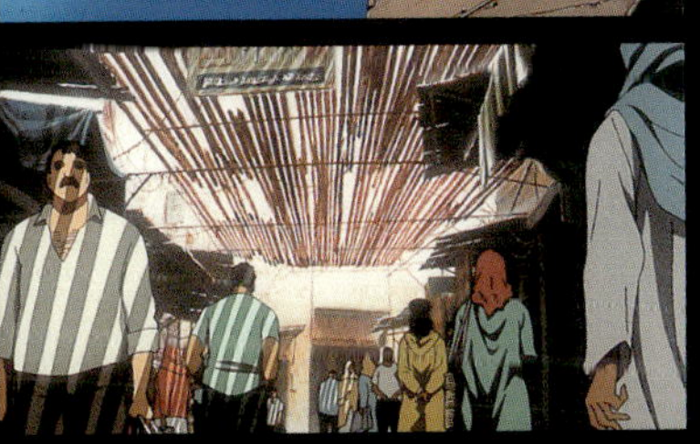

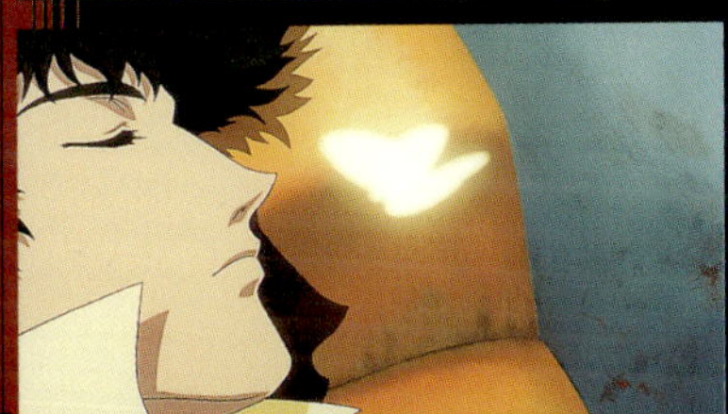

スパイク、まどろみの中で金色の蝶を見る。
スパイク「**そいつはただ……ひとりぼっちだっただけさ。自分以外の誰ともゲームを楽しめない……夢の中で生きてるような……そんな男だった**」
その手の中に、捕まえたはずの蝶はいなかった。

ARE YOU LIVING IN THE REAL WORLD ?
（あなたが生きているのは“現実”の世界？）

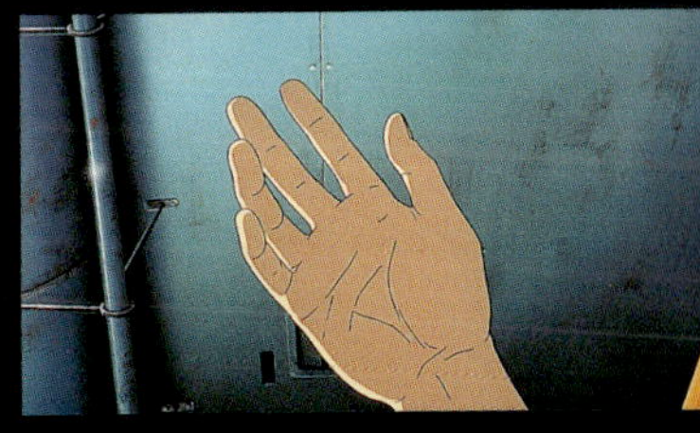

ARE YOU LIVING IN THE REAL WORLD?

ENDING
Gotta knock a little harder

Happiness is just a word to me
And it might have meant a thing or two
If I'd had known the difference

Emptiness,a lonely parody
And my life,another smokin' gun
A sign of my indifference

Always keepin' safe inside
Where no one ever had a chance
To penetrate a break in

Let me tell you some have tried
But I would slam the dorr so a tear
Another sign of my condition

Fear of love or bitter vanity
That kept me on the run
The main events at my confession

I kept a chain upon my door
That would shake the shame of cain
into a blind submission

The burning ghost without a name
Was still calling all the same
But I just wouldn't listen

The longer I'd stall
The further I'd fall
The further I'd fall
The harder I'd fall
I was crawlin' into the fire

The more that I saw
The further I'd fall
The further I'd fall
The lower I'd crawl
I kept fallin' into the fire
Into the fire
Into the fire

Suddenly it occurred to me

The reason for the run and hide
Had totaled my existence

Everything left on the other side
Could never be much worse than this
But could I go the distance

I faced the door and all my shame
Tearin'off each piece of chain
untill they all were broken

But no matter how I tried
The other side was locked so tight
The door if would't open

Gave it all that I got

And started to knock
Shouted for someone
To open the lock
I just gotta get through the door

And the more that I knocked
The hotter I got
The hotter I got
The harder I'd knock
I just gotta break through the door

Gotta knock a little harder
Gotta knock a little harder
Gotta knock a little harder
break through the door

Happiness　ただの単語
その違いを知っていたら
少しは意味があったかもしれない

Emptiness　孤独なパロディ
オレの人生、硝煙の匂いは
何も感じないことの証

いつも心を閉ざし守っている
誰にも突き破る隙を
与えないように

誰が入ってこようとしても
オレは扉を堅く閉じる
ヤツらが入ってくることはできない

鍵に守られた平静
ロックされた感情は涙を流すことはない
オレの病の証

愛への恐怖と苦い見栄のために
走り続けてきた
それは告解のメインイベント

オレの扉にかかった鎖は罪の重さ
その重さの前ではカインでさえも
完全降伏だろう

名もない炎の中の亡霊が
呼びつづけている

その声に躊躇するほどに
オレは長く這いずりまわり
そして激しく落ちていく

知りすぎるほどに
深く落ちていく
地面にはいつくばる

オレは炎の中に落ちていく
炎の中に

突然それはわかった
走りつづけ、そして隠れなければならない理由
それがオレの存在の全てになっていることを

ドアの向こうに残したもの全てのもの
今以上悪くなるはずもない
だがオレはそこまで行けるのだろうか

扉と自分の罪と向かい合い
全てが壊れるまで
鎖を引きちぎった

どんなに挑もうと
反対側から堅く閉ざされていた
ドアはあきそうにない

全てを込めて
ドアをたたく
誰かに向けて叫ぶ

鍵を外すように
ドアをつきやぶるんだ

ドアをたたけばたたくほど
オレは熱くなる
もっと強く
ドアをつきやぶるんだ

もっと強く
もっと強く
ドアをつきやぶれ

その現実と虚構を絶妙にリンクさせ、未来世界でありながら、どこか懐かしい匂いのする世界。そんな「カウボーイビバップ」の世界観を、背後で支える美術陣の仕事を紹介する。

ART WORKS

STREET CORNER／街角

▲エドとアインがリー・サムソンの行方を捜し、坂道をやってくる場面の背景　アメリカのサンフランシスコ辺りがモデルになっているのだろうか。

▲スパイクが聞き込みをする場面に登場する水辺の風景。運河に架けられた橋で、路面電車用のレールがひかれているのがわかる。

▲たくさんの漢字の看板から、エスニックな雰囲気があふれるチャイナタウン。スパイクが聞き込みをする場面に登場。

▲大通りの交差点。スパイクの聞き込み場面に登場する。画面奥が坂になっていて、これもサンフランシスコがモデルになっているようだ。

▲スパイクとヴィンセントが対決するアルバタワー内部。実際に美術として劇中で使われたものではなく、イメージをつかむために制作前に描かれたイメージボードだ。

▲映画本編冒頭に登場するコンビニエンス・ストア。店内に並べられた品々が細かく描き込まれ、画面から生活感がにじみ出ている。

▶雨を降らせるためにエイリ乱入する気象コントロールセンター。

◀ジェットが飛行機調達のために訪れた民間飛行場のカウンター。

▲ランタン工場から出てきたムラタが警察に気づいて逃げ出す場面の美術。カメラがパンするため、横長に描かれている。

▲聞き込み中、一服しようとしたスパイクがラシードと出会う場面の背景。短い影と明暗のコントラストが陽射しの強さを印象づける。

▲モロッカンストリートの入口。アラビア語の看板と建築物のイスラム風装飾が、独特の雰囲気を生み出している。

▲スパイクが壺を渡される骨董屋。ぎっしりと置かれた骨董品がいかにも怪しげだ。ちなみに店内の時計は、すべて3時59分を指している。

▲狭い通りの両脇に、ぎっしりと小さな店が並ぶ。せせこましく雑然とした感じが、他の場所との違いを際立たせている。

▶かつてヴィンセントが戦ったタイタンの戦場。延々と続く薄暗い砂漠は、まるでヴィンセントの心象風景そのものだ。

▲ハイウェイ越しに夕暮れの都市を望遠で捉えた風景。ヴィンセントが検問の警官を殺して逃走する場面に登場。巨大な都市の寂寥感が感じられる。

COWBOY BEBOP
KNOCKIN' ON HEAVEN'S DOOR

WORDS THAT WE COULDN'T SAY

ブルにとっても、今日はいい日だった。
ブルは静かに眼を閉じた。

コノハズクのキーンと言う激しい鳴き声が、狼の耳に届いた。
ホワイトシカモアの幹が揺れている。
松の葉が擦れ合い、悲しげな声をあげた。
狼は、風の匂いを嗅いだ。
ブルが、そこにいるのを感じた。
風と共に、彼の魂があるのを。
悲しみはない。
これから行く、真っ直ぐに続いている道に、怖れを抱かずにすむ。
あの男は、どうしているだろう。
ブルの魂を感じているだろうか。
精霊たちに捧げる彼の歌を聞いているだろうか。
そして狼は、長い、かつてないほどに長い遠吠えで応えた。
暖かい山風が狼の身体を包み込んだ。背中を押すように。
蒼い目は、ブルを取り入れた。
持っていくものは何もいらない。
旅立ちに、狼は最も良いものを手に入れたのだから。

AFTER WORDS

信本敬子
keiko nobumoto

～You can't take it with you～

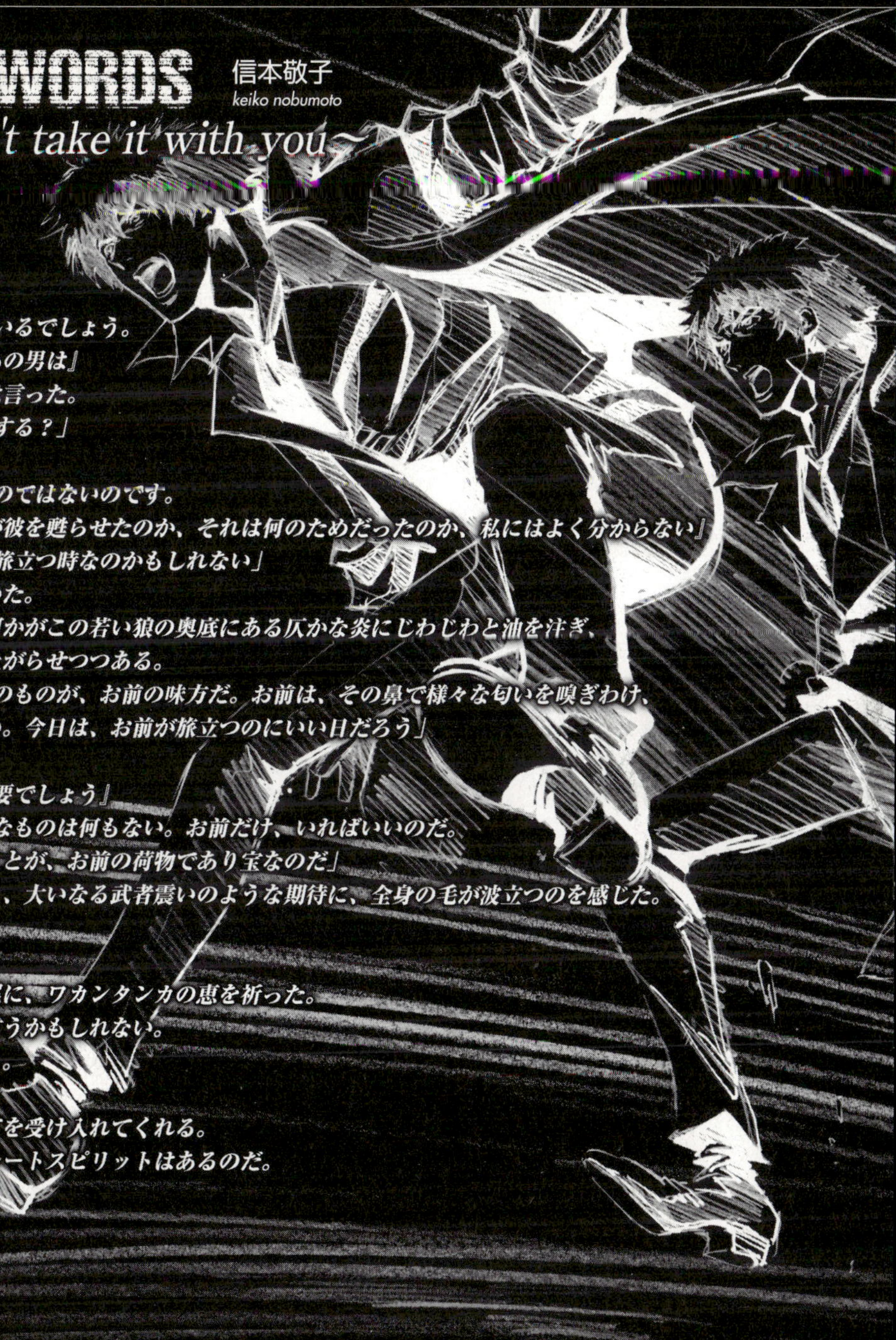

狼は言った。
『あの男はどうしているでしょう。
川を流れてきた、あの男は』
ラフィング・ブルは言った。
「なぜあの男を気にする？」
狼は答えた。
『男を気にしているのではないのです。
ただ、なぜあなたが彼を甦らせたのか、それは何のためだったのか、私にはよく分からない』
「お前は、そろそろ旅立つ時なのかもしれない」
ブルには分かっていた。
月は満ちている。何かがこの若い狼の奥底にある仄かな炎にじわじわと油を注ぎ、
風を起こし、燃え上がらせつつある。
「蒼い目よ、すべてのものが、お前の味方だ。お前は、その鼻で様々な匂いを嗅ぎわけ、
望む道を行くがいい。今日は、お前が旅立つのにいい日だろう」
狼は聞いた。
『それには、何が必要でしょう』
「旅立つのに、必要なものは何もない。お前だけ、いればいいのだ。
お前が感じてきたことが、お前の荷物であり宝なのだ」
狼は、僅かな不安と、大いなる武者震いのような期待に、全身の毛が波立つのを感じた。

狼は旅立った。
ブルはその勇敢な尾に、ワカンタンカの恵を祈った。
誰もが要らないと言うかもしれない。
お前など要らないと。
だが、それが何だ？
精霊たちは、すべてを受け入れてくれる。
その道の先に、グレートスピリットはあるのだ。

MUSIC FOR ASTRO AGE

YOKO KANNO

『カウボーイビバップ』に必要不可欠とも言える菅野よう子の音楽。その素晴らしさについてはすでに語り尽くされた感はあるが、しかし劇場版ではこれまでの『ビバップ』音楽とまた違った魅力がある。その核にあるものは何か？ここでは菅野よう子自身に、劇場版の音楽について、8月に行なわれたライヴについて、そしてシートベルツについて、大いに語ってもらった。

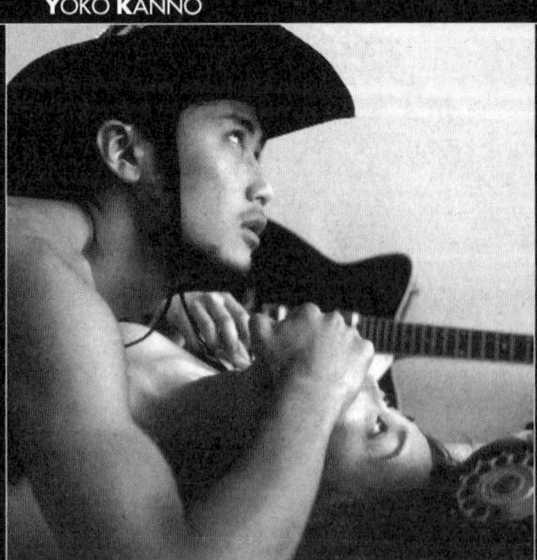

菅野よう子

●かんの・ようこ／いまや日本を代表する作曲家のひとり。坂本真綾らへの楽曲提供のほか、映画、CMなどの音楽も多数。"シートベルツ"として、TV版、劇場版とも『カウボーイビバップ』のサントラを手がけている。

―映画の感想はいかがでしたか?

菅野 わりと、めっちゃこっちゃデコボコしてる手触りがあった。想像より"若かった"な。普通、映画となると、まとまるじゃない? でもなんか、みんながよってたかってちょっとずつはみ出てる感じ。最初からそうしたいと思ってつくったつもりはないんだけど、いわゆるB級っぽい感じになった。いい意味でね。少なくとも、ハリウッド大作とかではないな、と思う。「若者が勢いでつくった」的な感じがあって(笑)、それはよかったと思う。

―音楽の使われ方についてはどうですか?

菅野 ナベシンはこないだ言ったんだけど、「ごめん」って。

―それはなぜ?

菅野 ちゃんと脚本も読んで、セリフの入ったビデオも見てたんだけど、実際でき上がったフィルムを見たら、思ったよりハードボイルドだったのね。でも、私は音楽的にはそんなにハードボイルドにつくってない(笑)。「もしかしてなんか私だけわかってない?」とか思っちゃった。効果音とか役者さんの演技とか、抑えた感じじゃないですか。だけど音楽はやんちゃボウズというか、「これはハードボイルドな作品ですよ」って最初から言ってない感じというのが、自分で見てて「あら?」とか思ってね。効果音の人がコワーイ音を「ギャーン」とかやってるのに、私はなんか「ぜーんぜんそんなことないよ~」みたいな感じで(笑)、勝手な方向に引っ張ってる。で、そういう話をナベシン(渡辺監督)にしたら、「沖浦(啓之)さんは沖浦さんで自分の方向に引っ張ってるし、ほかの人はほかの人でガーッと引っ張ってるしで、いたるところで緊張が見られる」と言ってた(笑)。

―今までの『ビバップ』のサントラに比べて、ちょっと変わったかなと思ったんです。

『天国の扉』は想像より"若かった"

菅野 どういう意味で?

―いい意味で破綻してるなと思ったんです。

菅野 そういえば、南プロデューサーも「今回バラバラだよね」とか言ってて、「うそ?」とか思ってたんだけど……だって前のほうがバラバラだったような気がするけどなあ。

―ジャズの曲が1/3くらいあると、全体的にジャズ的なイメージになるじゃないですか。でも今回は本当にバラバラだから。

菅野 ああ、そうかな。でもやってる人はほとんどいっしょだよ? というか前はさ、N.Y.の人とか日本の人とかいろんな人が参加してたけど、でも今回は同じ人が演奏してるから、どちらかというと「まとまってる」と思ってんだけどね。「バンドっぽーい!」とさえ思ってたんだけど……おかしいなぁ。

―今回ヴォーカル曲が増えたのは何か理由があるんですか?

菅野 わかんない。なんかね、『ビバップ』って歌をつくりたくなっちゃうよね。というか、詩をつくりたくなる。詩の世界込みで、何かを言いたくなるんだよね。たとえばロボットものとかでさ、「あのロボットが攻めてくるけど2人は愛し合って……」とかはないじゃない? そうすると恋愛の詩とかは難しいわけよ。でも『ビバップ』は普通の話で、しかもちょっとフューチャーだったりする。それがすごく、詩的に"そそる"んですよ。だもんで、いろいろ「こういう内容はどうかな?」とか言って、シナリオ書くみたいに、『ビバップ』のアナザーな部分を付け加える感じで、詩をつくりたくなっちゃうの。それでボーカル曲が増えていっちゃうんだよね。

―あと、本当にアルバム・タイトルが「FUTURE BLUES」になってたんで、ビックリしました(このタイトルは「月刊ニュータイプ」2001年7月号掲載のインタビュー中に決定した)。

菅野 いいじゃーん。これ、すっごい気に入ってるんだけどな。

―広告見てビックリしましたよ。

菅野 まぁ実際のところフューチャーかどうかはわかんないけどさ(笑)、でもすっごいブルースだなと思ってつくってたんだけどね。思わない? ブルースと言ってもいろいろあると思うんだけど、基本的に、今回の話は基本的にセッション#1とかに近いじゃない? ああいう気分、ブルーさというかね。あんまり「ギャーッ」というんじゃなくて(笑)、「こんな男もいたぜ」って感じ。それはブルースな気分かな、と。だから、別に「なんとかブルース」にしたいとは思ってなかったんだけど、「FUTURE BLUES」と言われたとき、すごく自分の中でフィットしたんだよね。

COWBOY BEBOP
knockin' on heaven's door O.S.T.
「FUTURE BLUES」

ビクターエンタテインメント
VIZL-54（初回のみおまけ8cmCD付）

1 24hours Open

リチャード・クレイダーマン風の甘くのどかなストリングスに、銃声・悲鳴・サイレン・非常ベル・泣き声、そして風の音……。

菅野　「コンビニのBGM、つくる？　別になくてもいいんだけど」って監督に言われたんだけど、私、そういうのつくるの大好きなの（笑）。サントラの醍醐味なんだよね。普通こういうBGMとか（劇中に流れる）ニュース番組のテーマ曲とか、いちいちつくる人ってあんまりいないと思うのね。でも、私はああいうのが楽しいの。その世界の日常音。たぶん誰も聴いてない音楽。でもそれが〝音楽で世界観をつくる〟って感じで楽しいわけ。イタズラするのも好きだしね（笑）。で、今回は「いかにもセンスの悪いイージー・リスニングみたいなのにしよう」と思って、甘ったる～い、だっさーい曲をつくってみました（笑）。だってさ、そういうのってあんまりつくらせてもらうことないじゃない？　特に偉くなってくると、「〝夏の日の恋〟（マックス・スタイナー）みたいなのつくってください！」とか絶対言われないから（笑）。

――普通、そんなこと言ったら怒られると思いますよね。

菅野　そう。だから「こりゃすっげー楽しいわ！」って、めちゃめちゃいい気分でつくっちゃった。

――しかも、その上に銃声や悲鳴を被せてしまうという。

菅野　うん（笑）。

――これ、悲鳴も込みでの楽曲なんですか？

菅野　そう（笑）。これ、録音のときはスタジオの中にコーラスの女の子が何人かいて、私が走り回って、「銃を向けるから、向けられた人はキャーと言いなさい」とか言って、スタジオ中走り回りながら録ってたの。

――手間かかってますねぇ。

菅野　ね。「きゃあ～！」とか言ってバカみたいだった（笑）。

2 Pushing The Sky

デジタル・ロック風のアグレッシヴなビートにパワフルな山根麻衣の歌声。歌詞はjinghiskhanman。

――これはカッコいい曲ですね。

菅野　そう？　じつはこれね、一番最初の戦闘シーン用、「弱・中・強」で言ったら「弱」の曲なの（笑）。ここからだんだん派手になって、最後はスゴイことにしようと思ってナベシンに渡したら、「これ、最後の戦闘シーンで使うから」とか言われちゃって（笑）。だけどナベシンはシーンにピッタリ合わせて、台詞のところでリズムを抜いたり、私にしては珍しく気を遣って仕上げたのに。だもんで、詞の内容なんかもビミョーに合ってない。まだ5～6曲しかない段階でこの使い方は決めてたみたい。

――でも、本当は「弱」なんだと。

菅野　そう。オレの「強」を聴かせたかったよ（笑）。ちなみにサントラに入ってない〝アルファー1〟が「中」ね。

――こういうタイプの曲って菅野さんはスッとつくれるんですか？

菅野　うん。すごい簡単。こういうの好きならいっぱいあげるよ？　みたいな（笑）。だって、キレればいいだけなんだもん。いや、実際はキレる中にも「弱・中・強」があるんだろうけど、オレはキレるっていったら1つくらいしかない（笑）。あんまり深くキレたことがないので、わからないのです。ただ今回は全体的に「パンクな気分」というのがあって、それが新しい要素かもね。本当はもうちょっとオトナにするつもりだったんだけど、だんだんヤンチャになっちゃった。

――ヤンチャ感は丸出しですね、確かに。

菅野　丸出しだよね。最初は一歩引いた感じでいこうと思ってたんだけど、気づいたら突っ込んでた（笑）。

3 Time To Know～Be Waltz

じつは世界的に見ても珍しい、3拍子の日本語ラップ。ラップ／作詞は高橋ひでゆき。

菅野　「3拍子でラップなんてできるんだ？」ってナベシンに言われたけど、オレ気づいてなかった、そんなこと。確かにラップしてる子が「難しいです」とか言ってたけど（笑）。

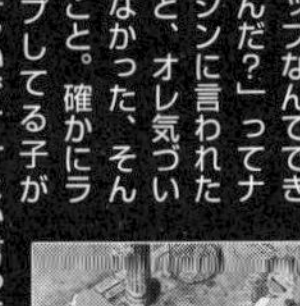

――ラップしてる子は誰なんですか？

菅野　えっと、昔ドラゴン・アッシュのギターだかベースの人だかがいたバンドで、ドラゴン・アッシュより随分前にああいう音楽をやってた子なんだって。で、歌うのは2年振りとか言ってた。もともとティム（・ジャンセン）周りにいた子で、私もだいぶ前から知ってたんだけど、今回たまたま思い出して電話して、「明日こない ー？」ってレコーディングに呼んだの。じつはこの子、〝Ask DNA〟のオーディションにもかけてて、私はこの子に歌わせようと思ってたのね。でも、もともとこの子はすっごいパンクで、この子が歌うと当初の予定と違って、本当にパンクな感じになっちゃうのね。それはそれでアリかなと思ったんだけど、〝Ask DNA〟はもうちょっと間が抜けたようにしたかったから違うボーカリストを選んだの。ただ、そのときの印象があって、いつか頼もうと思ってたの。いい声してるしね。

――これは最初からワルツ+ラップ、という感じでつくってたんですか？

菅野　うん。N.Y.でマスタリングしてたときもエンジニアのオヤジが「ラップが入ってる！　オモシレー!!」とか言ってたよ（笑）。あと、この曲はそれこそ〝Pushing The Sky〟の代わりに「弱」用につくってた曲なのね。そしたら、なぜかエドが散歩してるところに使われてた（笑）。本当は戦い用につくったんだけどね。

――随分のどかな戦いになりますね。

菅野　おかしいなぁ（笑）。オレ結構、戦闘気分だったんだけどなぁ。軽い戦闘というか、のすって感じ。

――ダンスのような格闘？

菅野　そうそう。舞うようにナントカ、みたいな。

――本当に「Be Waltz」なんですね。

菅野　だったんだけどね。でも、エドが散歩してた（笑）。

――歌詞についての作業は？

菅野　彼が来たときに直接いろいろ注文して、それで書いてもらったものがバッチリだったから、それをそのまま使った。「新鮮な魂」っていうフレーズは彼が紡ぎ出してきたんだけど、私はすごい好きなんだよね。

4 Clutch

ストレート・ア・ヘッドな4ビート・ジャズ。ちなみに「Clutch」は「ピンチ、あるいはピンチのときに頼れる」という米口語。

菅野　これね、結局戦闘シーン「弱」用の曲がなくなっちゃったんで、じつはマスタリングの前日に急きょ録ったの。朝9時ぐらいの飛行機で、少なくとも2時間前には青山のビクタースタジオ出なきゃ！ってときに、朝6時50分くらいまで録ってた（笑）。で、「できた！」ってのをそのまま持ってったの。だから、一番最後に録った曲がこれ。で、本当に「弱」に使われてた。こういうジャズがTVシリーズと違うもね、本当にTVシリーズが1曲はないとんね。あとで観たとき、自分でもそう思った。

――『ビバップ』はジャズの印象が初期の段階で付いちゃってますからね。

菅野　不思議だよね。後半なんかジャズ1曲も入ってないのに。

5 Musawe

アラブ語で歌われるヴォーカルが嫌が応にもエスニック気分をもり立てる。作詞／歌はHassan Bohmide。

—タイトルは何て読むんですか?

菅野 「ムサウィ」。

—どういう意味なんですか?

菅野 なんだったけな? もともとこういう歌があるらしいんですよ、アラブの人たちの間に。ただ、それがいつ頃の歌なのか、ハッサムさんに尋ねてもわからないし、調べても全然わからないの。けど、こういう内容の歌を歌うときは「ムサウィ」っていうんだって。ほかのアラブの人に聴いてもらったら、「なまりが強くて何言ってるかわかんない」って言ってた。

—口承で伝わって歌でしょうから、現代の人にはわからないのかも。

菅野 たぶんそうなんだろうね。お経とかに近いとか。なんかメロもハッキリしてないし。

—では、彼が知ってるメロディを菅野さんがアレンジしたと?

菅野 そう。ただそのメロディも全部アドリブなの。だから、実体がないのよ、じつは。歌ってもらって、それを聴いて、「じゃ録音しよう」ってスタジオ入ってもらうじゃない? そうすると、さっきと全然違う曲になってる（笑）。歌詞も違うしね。そういうものらしいですよ。

—西洋の歌の概念じゃないんですよね。

菅野 すごいよ。深すぎちゃって。だからまあ、ジャズって言えばジャズなんだよね。

—大まかなテーマだけが存在するという。

菅野 そう。超アドリブ。結局2テイクぐらいしか録ってないんだけど、それで充分なぐらい最初からよかった。それはたぶん2度とできない。で、私さ、モロッコ行ったことないし、もちろんアラブも知らないんだけど、『ビバップ』の映画見ててさ、彼の声が流れる場面になると、「なんかニオイが違うな」と思わなかった? プーンとこう……日常から分離する感じがなかった?

—ええ、いわゆる異国情緒を感じました。

菅野 ねえ? それをことさら強調するつもりはなかったんだけど、思いのほか「モロッコしてる」って感じだったよね。

—手近なもので代用してないから奥行きが出るんですよね。

菅野 そう。その声が出た瞬間に空気が変わるっていう。それはやっぱりすごいなと思った。

—アラブやアフリカの人って、声そのものに支配力がありますよね。

菅野 近くで聴いていたけど、全然叫んだりしたりはしてないんだよね。喋ってるのと同じぐらいで、そんなに大きな声じゃない。だから聴いてて楽というか、「α派」系の声なの。ただ、このときもいろんな人をオーディションで見たけど、そういう声の人はこの人以外いなかった。この人だけ、なんだかノマド（遊牧民）な感じがしたのね。

—彼は職業歌手というより、家柄として歌手の家系なんですよね?

菅野 そうみたい。延々、お祖父ちゃんよりずっと昔からそうなんだって。実際の彼はN.Y.の絨毯屋の地下に住んでるんだけとね。それまでは私、アラブってなんとなく苦手だったけど、この人自体はとても繊細で、もしことばが通じたら、彼の音楽を、私がこうしてしまったことについてどう思ってるのか、すごい聞きたかったんだけどね。でも、ひと言も直接会話できないからさ。彼は彼で、「（ボソボソっと）こんにちは……」みたいな感じで、すごいシャイだし。ただ、喜んでくれてたみたいだけどね。マネージャーみたいな、悪そうな親玉がいて、そいつはメッチャメチャ喜んでたけど（笑）。商人丸出し（笑）。でも私はこの人自身にどう思ったのか聞きたかったな。

6 **Yo Pumpkin Head**

ノーテンキなフレーズと共に、チューバのリズム隊が行進する。最高のパレード・ソング。

菅野 今回の映画にハロウィンが登場すると聞いてね。しかもN.Y.っぽい街並みでのパレードだと。で、私、じつはハロウィーンの音楽って聴いたことがなんだけど、もはや未来だからなんでもよかろうということで（笑）、ちょっとラテンな感じにしてみました。

—「カボチャ頭」でそのまま「Pumpkin Head」でもあるし、同時に「Pumpkin Head」には「まぬけ」という意味もありますよね。

菅野 でも、ハロウィーンのパーティは別に「♪まぬけ〜まぬけ〜」って歌ってるわけじゃないんでしょ? あのカボチャは何?

—魔除けみたいなものですね。

菅野 なまはげみたいな感じ?

—うーん……。

菅野 まあ、そういう史実に基づかないでつくってます（笑）。昔ね、N.Y.で1回ハロウィーンのとき歩いてたら、ビジネスマンで普通のカッコした人が、耳だけピーンと尖らせてたりして、それがカワイかったんだよね。

—この曲もファニーですよ。

菅野 うん。かわいいよね。だからいいかなと。

7 **Diggin'**

ゴキゲンなカントリー。普段よりラフな歌声を聴かせるSteve Conteが魅力的! 歌詞はTim Jensen。

菅野 これ、N.Y.で録音してるときに監督もいたんだよね。「で……この曲、何に使うの?」って言ってた（笑）。だけど、結果的にはいいトコで使ってたよね?

—スティーブの歌にいい意味でのラフさがありますね。

菅野 ね。これは本当はね、オジイちゃんに歌ってもらおうと思ってオーディションをしたの。それこそ三爺（アントニオ、カルロス、ジョビン）のイメージでつくってんだけど、なかなか歌でそれを出せる人がいなくて、結果的にはこうなっちゃった。それに、監督はスゴーク初期に「劇場版の音楽はスペース・カントリー」って言ってたから、まぁそういうのが1曲あってもいいかなって。

—オーディションはいろんな曲でやってるんですね。

菅野 もちろんやってますよ。

—時間、かかるんじゃないですか?

菅野 かかるけど、でも歌だけじゃなくて、ミュージシャンすべてにおいて、オーディションという形ではやらないけど、なにか違ったら差し替えざるを得ないし、そういう意味では日々オーディションだからね。やっぱり、思い描いたものに近づけるには時間はかかるよー。

—菅野さんの中でボーカリストを選ぶ基準は?

菅野 まず声。それと、あまりスタイルをギチギチにつくって来られるより、「何して欲しいの? 言って」みたいな人のほうが、いじりがいがあっておもしろいかな。山根（麻衣）さんにしても「わたしはこれしかできません」っていうふうに見えるだろうけど、全然そんなことなくて、すごいナチュナルで、精神的にもフラットなの。私がお願いしてるボーカルの人って、ライヴで見てもらえばわかると思うけど、みんないいヤツでしょ? （笑）でね、それは声に出るのよ。

—声は楽器と違って、その人のパーソナリティがもろに出るでしょうからね。

菅野 うん、出る出る。だって、最初は写真もなしでオーディションするから、先入観もない。でも、いざ会ってみるとみんなフラットでいいヤツなことが多い。で、私は人間的にいいヤツで、余裕でフザケたりコワい歌をうたったりできる人、というのが好きみたいね。みんな、余裕あるでしょ?

8 **3.14**

エド＝多田葵の独唱。余談だが、後半の数字の羅列は円周率53桁。詞を手がけたのはもちろん（?）菅野よう子。

—これは……スゴイ曲ですね。

菅野 そう? これもね、“Clutch”と同じくN.Y.に行く前日に、多田葵に来てもらって、「ちょっと歌って」って録ったの。エドがコンピューターで調べものしてるときに「♪フンフンフンフン〜」って歌うようなやつがあったらなごめていいかな、と思って、それで数学っぽい曲にした。

—円周率を延々と読み上げているという。

菅野 そうそう。エドは円周率とは知らずに歌ってるつもり。特に意味はないんだ。

—多田葵というよりは、エドの歌?

菅野 そうね。多田葵はね、本当は歌うまいんだよ。でさ、歌うまい人がヘタに歌うと結構いやらしかったりするんだけど、すごいよね、この人は。

—スゴイですよね、この……頭悪いカンジ(笑)。

菅野 ね。本人、全然そんなことないのにね。全部演技で計算できる。

—演技派ですよね。これ聴いているとそう思わないけど(笑)。

菅野 そう。ただの頭の悪いコドモ(笑)。でもこいつ、じつはかなりスゴイよ。

9 What Planet Is This?!

ミニ・アルバム収録曲のアルバム・バージョンがこちら(ライヴで演奏されたのもこちらのバージョン)。後半の盛り上がりが秀逸。

菅野 オジイちゃんたちが飛行機で飛ぶシーンのバカバカしさと、曲がうまくハマッてるよね。こういうヌケのいい曲って、没入してるとなかなかできないんですよ。もし映画を大事に思い過ぎてたら、たぶんつくれなかった曲だと思う。

—菅野さんは本来、考えて考えてつくるタイプですもんね。

菅野 そうそう。

—パブリック・イメージと違って(笑)。

菅野 そうそう(笑)。でもこれに関しては、本当に軽い気持ちで「あ、『ビバップ』に使えるじゃん」ってハメただけ。

—この曲の劇中での使われ方を見ると、渡辺監督のセンスってこういうことだな、と改めて思いますよね。

菅野 ね。それは私もそう思った。ああいうシーンならいかようにもカッコいい曲を当てられると思うんだけど、やっぱりこのマヌケな感じ……「余裕のようでいてあんまり余裕じゃない」というギリギリのマヌケ感が『ビバップ』だよね、とか思った。

10 7 Minutes

攻撃的なホーンとギターで緊張感を煽りつつ、目まぐるしい展開を見せる大作。サントラの中でもっともハリウッド的な大仰さをもった曲と言えるだろう。

菅野 この曲だけは唯一、実際の尺に合わせて、いわゆる普通の映画音楽のように、ちゃんと頭から7分間計算してブッ通しでつくった。

—それは監督からの要望ですか?

菅野 ううん、全然。せっかく映画だし、こういう曲が1曲ぐらいないとちょっとなあ、と思って(笑)。普通は全部そうやってつくるじゃん。だから一応、そういうのもやっとこう、みたいな。で、そんなに深い意味がある場面で使われるわけでもないので、とにかく映画っぽく、豪華っぽく、コーラス入れたり展開したりしてみました、と。自分的には大した意味はないです(笑)。

—わあ、ざっくりしてますね。

菅野 うん。これ、最初の発注のときに「戦闘シーン(長いです)」って書いてあって、だから録音のとき通称「7分」って呼んでて、それがそのままタイトルになった。愛のないタイトル(笑)。

11 Fingers

冒頭から鳴り続けるカリンバ(アフリカ製の楽器。木製の胴体にバネのような金属片を並べ、親指で弾いて演奏する)と、もの悲しいピアノの旋律が不思議な印象を残す。

菅野 一番最初の打ち合わせのときに、ナベシンに「“悪い人”のテーマが欲しい。音はエレピ(エレクトリックピアノ)のイメージ」と言われたの。で、この曲にピアノと、あとカリンバもちょっとエレピに似てるから入れてみた。自分では透明感とか不安定感、あと「悪者になりたくて悪者になったわけじゃない哀しさ」とか、そういうのを混ぜてみたつもり。

—この曲、ミキシングも変なことしてませんか?

菅野 そう、じつはすっごい変なことしてんの。途中まで普通だったんだけど、仕上げの最後の最後に気にくわなくて私、これもやっぱりN.Y.に行く前の出発10分前とかに(笑)、できあがってる状態のものに音を足したりしてんの。わかりやすく言うと、普通の歌にカラオケでまたさらに歌をを足してるような感じ。それは普通、絶対にやっちゃいけないことなんだけど、おかげで妙な位相のズレができたりして、まあそれもいいかと。

—なんか不自然な音の配置だなぁと思ったんですよ。

菅野 でしょ? まあ、最初からそれを狙ったわけじゃなく、もともと気に入らなかったものをなんとかゴマかそうとして(笑)、無理矢理いじっただけなんだけどね。でもことのほか変な感じになったので、間違えてよかったね、みたいな(笑)。

12 Powder

不協和音的なコーラスとひたすら不安感を強調するピアノ。短いながら、鮮烈なイメージを与える。

菅野 監督の中には、最初から「蝶のシーンはスティーブ・ライヒ(アメリカの現代音楽家。ミニマル・ミュージックと呼ばれるジャンルの先駆者)みたいな曲」というのがあったらしいのね。ライヒって私、CMで使われてる曲(“Desert Music.”)ならかろうじて知ってる、くらいの危うい知識しかなかったんだけど(笑)。で、この曲では女性コーラスをガムラン(インドネシアの楽器)の構成音みたいな和音の雰囲気……ピアノでいうと、適当に「ダーン!」って押さえた音、要するにアジアの呪文とかに近い感じなんだけど、それをコーラスに置き換えて考えてつくっていった。そういうのこの映画の“蝶”が合うかなって。もともとそれは監督が明確にイメージしていたものだし、それは外さないであげようと思って。

—今回の映画の中で、監督が一番明確にイメージを伝えてきたのがこの曲だったんですか?

菅野 そうそう。「こういうふうにしたい」ってはっきり言われた。最初は私、何を求められてるのかわからなかった。でも監督の中にしか完成形はないし、蝶は最後まで絵がなかったから、全然イメージがわかなくって、言われるままに「はいはい」ってつくった。そしたら監督は「いやもうバッチリ」とか言ってて、見たら納得って感じだった。モノレールのシーン、すごくイイじゃない?

—いいですよね。

菅野 あのシーン、怖いからギューッてなるんだけど、最後にホヤヤ〜ンって浮いていくんだよね。「なるほど、こういうことなんだ」って思ったな。こうしたい、こうあるべきって音楽が全然シーンに合わないこともあれば、何も裏付けなしにつくったものが画面に力を与えることもある。サントラってのは深いよね。

13 Butterfly

スイートでムーディなバラード。あたたかなエレピの音色が耳に優しい。歌はM、作詞はChris Mosdell。(劇中未使用)

菅野 これがエレピを丸々使った曲。この曲ね、じつはスティリー・ダンちで録音したの。

—は?(ウォルター・ベッカー&ドナルド・フェイゲンを中心とするグループ。おそらくN.Y.のドナルド・フェイゲンのホーム・スタジオだと思われる)

菅野 うん。スティーリー・ダンの家のエレピ。あの独特のエレピの音ってあるじゃない? あれ。モノホンっす。というか、そこしか空いてなかったんだよね(笑)。で、そこのスタジオにハウス・エンジニアがいるんだけど、こちとら知らないじゃない? だからその人をアシスタント・エンジニアとして使ってたんだけど、その人、今年のグラミー賞をスティーリー・ダンといっしょに獲ってたんだよね(笑)。

—グラミー賞エンジニアだ。

菅野 でも私知らないから、その人に「そこのケーブル繫げて」みたいなことを申し付けたりしてて(笑)。あとで聞いたら、「いや、スティーリー・ダンの音は僕が落としてるんですよ」とか言って、「えー!?」って(笑)。

——いやしかし、どうりでいいエレピの音だと思いました。

菅野　いい音してるよね。それと、歌ってるMさんという人は、黒人なんだけどアルビノ(先天性白皮症とも呼ばれる病気)で、色素がない人なの。肌も真っ白で、髪の毛も色が抜けてて。そういう人は遺伝的に目が悪いみたいで、あんまり目も見えないのね。ただ、世界に何人もいないアルビノの人は、ほとんどみんなアーティストになってるらしいの。サリフ・ケイタ(アフリカのシンガー)もそうだよね。で、このMさんもまた、すんごい声なんだよね。

——意外と特徴的な声ですよね。

菅野　ね。彼女、すごくこの曲を気に入ったみたいで、歌詞を渡したその日の夜中の3時半くらいに電話が来て、「この曲が歌えてうれしい」って泣かれたの。

——……すごい。

菅野　会話したのってそのときが初めてで、次の日はもう録音だったんだけど、会ったら無言でこう(と抱きつくポーズ)。感激屋さんみたいなのね。スタジオ真っ暗にして、完璧に満足して歌ってた。2テイクぐらいしか録ってないけど、もう完璧だったもん。

——この曲は、正統的なジャズ・バラードとはまたちょっと違った感じですよね。

菅野　歌詞のクリス・モステルはイギリス人で、ホント英国紳士そのものみたいな人。内容もイギリスの正統的ポップスの歌詞って感じ。で、歌ってる人は黒人なんだけど白人みたいな人、曲つくったのは日本人の私。そういうヘンな取り合わせなんだよね。

14 No Reply

感傷的で雄大で、ロマンチックなロック・バラード。歌はSteve Conte。歌詞はTim Jensen。(劇中未使用)

菅野　いつもいちばん最初につくるのはその作品の核となるような曲で、それが今回で言えば"Ask DNA"なのね。で、そのあとにつくる曲は準備運動みたいな感じで、"Diggin'"とこの曲が、まさに映画に向けての助走としてつくってるんだよね。曲、っていうより、詞も含めての世界ね。

——では、"Ask DNA"には劇場版『ビバップ』のイメージが詰まってると?

菅野　うん。それとあと"Hamduche"みたいな曲をやりたいな、というのが最初からあった。その2つだね。で、そのあとは練習がてらつくってこうかな、と思ってて、だからこの曲も「別に使わなくても全然構わないよ」って渡したような気がする。

——確かに、この曲はTVシリーズの後半ライクな曲ですね。

菅野　これね、ナベシンは最初、最後のヴィンセントとスパイクが戦ってるときシーンに当ててたんだよ。それはそれですごくよかった。ただそうすると、そのあとに"Gotta Knock A Little Harder"が来て、ちょっとファット過ぎるというか、叙情的になり過ぎちゃうのね。それで戦闘シーンは"Pushing The Sky"が採用されたんだと思う。

——贅沢と言えば贅沢ですよね。普通だったらこの曲、喜んでエンディングですよ。

菅野　あはははは。

15 Djjurido

ストリングス・ピアノ・歌と、シンプルに構成されたキュートな小品。

菅野　これが実はね……まったく愛情がないの(笑)。できた曲を並べたときに、ちょっとこれまでが重かったんで、この辺にひとつ息抜きが欲しいなというぐらいで(笑)。

——それはサントラの構成として、ということですか?

菅野　そう。だから曲自体はナベシンに渡しもしなかったんだけど、どこからか取り寄せて使ってたね(笑)。

——タイトルの「Djjurido(ディジリドゥ)」はオーストラリア原住民の楽器ですよね。

菅野　まあ、大した意味はないんだけどね。

——……。

菅野　使ってもらう予定はないとは言ったものの、もし、もし使うんだったら、インディアンの人(ラフィング・ブル)が出てくるシーンがあったから、そのシーンになら合うかな? とはチラッと思ったけどね。ただ、インディアンとデイジリドゥはじつはなんの関係もない(笑)。なんなとく「羽根つけてるかなぁ」ていう、それだけ(笑)。

——曲で実際にディジリドゥ使ってないですもんね?

菅野　使ってない。何にも関係ない。ことばがカワイイから使ってみました(笑)。

16 Gotta Knock A Little Harder

「天国の扉」のフィナーレを締めくくるにふさわしいソウルフルなナンバー。"ハーダーな"歌声は山根麻衣。歌詞はTim Jensen。

菅野　"Knockin' On Heaven's Door"(ボブ・ディラン)という曲をいまだに私、聴いたことないんですよ。聴いたほうがいいかなと思ってナベシンに聞いたら「いや、別にいいよ」って言ってたから、じゃあいいやって(笑)。で、これは私が勝手に想像した"Knockin' On Heaven's Door"。ただ、「Knockin' On」のニュアンスをティムに聞いたら「ドアを小さくコンコン叩いてる感じ」って言うんだけど、私の場合は「あけろー!!」ってガンガン叩いてる感じ(笑)。ねえ、これ本物のボブ・ディランよりキッツイというか……?

——harderですよ。

菅野　あ、やっぱりそうなんだ。でも、これもいい歌詞だよ。なんかね、ラストシーンで雨があがっていくじゃないですか。だからやっぱり、音楽もスッキリしたいなと思って、じゃあ実際どういう曲にするかというと、自分の中ではゆっくり上昇していく感じしか思いつかなかったんですよ。ちょっとゴスペルっぽい雰囲気でね。

——それは渡辺監督のイメージでもあった?

菅野　いや、違うと思う。「コーラスが欲しい」とは言ってたと思うけど。でも"Blue"のときと同じく、そこから先に関しては特に何も指示はなかった気がする。

——この曲は映画全体のテーマに決着をつける曲でもありますよね。

菅野　そうだよね。「夢の中で生きてるような男だった——終わり」だけじゃなくて、「でもそのあとも毎日生きていくんだから、夢を破って次のステップに行こう」という感じになってる。なんかね……アニメ全般に対して思うところも含まれてるかもしれないけど、ややもすると内側にこもってしまうところを、ブチ破りたかったというか、映画館から出て現実に戻ったときに、「いまをちゃんと生きてみよう」という気分になりたかったんだよね。

——それは映画のラスト・テロップとも合致しますね。

菅野　うん。じつを言うとさ、このアルバムは『カウボーイビバップ』のサントラという名義ではあるけれども、でもお客さんみんなといっしょに歌いたいな、という曲ばっかりなんですよ。コール&レスポンスができる楽曲、というかね。そういうイメージが最初からすごくハッキリあった。『ビバップ』にはいままでそういう音楽はなかったけど、でも今回に関してはなぜかそれがあったのね。で、それは、自分でも今回の映画の内容と合ってると思う。

17 No Money

アルバムのエピローグは、ノンキで、どこかもの悲しい鼻歌。歌はHassan Bohmide。詞は渡辺信一郎、菅野よう子、Hassan Bohmide。

菅野　監督が作詞者に名を連ねているように、監督たちがモロッコにロケハン行ったときのガイドさんが、監督たちがお土産を買ってるのを横で見ながら歌ってた鼻歌がこういう歌だったんだって。それはおもしろい! と思って、監督に歌ってもらった鼻歌をもとにつくったのがこの歌。口伝えの本場アラブ方式(笑)。でも、本当にアラブの人が歌ったら、なんか切ない感じになっちゃった。ホントはもうちょっと「♪な〜んもないんだよ〜」っていう、うさんくさい感じだったらしいんだけどね(笑)。

(SECRET TRACK) Rain

「COWBOY BEBOP O.S.T.1」に収録されていた“Rain”のデモ・バージョン。TV放映版で使われたのはじつはこちらのバージョンだった。正規版の歌は山根麻衣。歌はSteve Conte。こちらは山根麻衣。歌詞はTim Jensen。（劇中未使用）

菅野 オマケCD（初回特典の8㎝CD）に入りきらなかったので、こっちに入れました。

──これは実際にTVで使われたバージョンですよね。

菅野 あれ、手違いで使われちゃったみたいなものだから（笑）。その頃は（アニメTV版の）制作進行がメチャクチャで、デモを貼りつけた本編が完成しているとも知らずに、こちらは新しいバージョンを録ってた（笑）。「教えてくれよ──!」っていう（笑）。で、TV版のサントラにはせっかくつくったんで正式版を入れてたんだけど、今回はそのデモ・バージョンの方を入れてみました。ちなみに初回限定のCDにはほかにグレンのサックスのやつ（“Goodnight Julia”）とか、エドのお父さんのときにチラッと出てきたやつ（“Papa Plastic”）とか、“23話”とかが入ってる。

SEATBELTS「Ask DNA」

ビクターエンタテインメント
VICL-35297

1 What Planet Is This

アルバムに収録されているバージョンのショート版。じつはこちらがオリジナル。

菅野 もともとこの曲つくってたときって、シートベルツのレコード用につくってたのね。『ビバップ』に使おうなんてひとつも思ってなくて、「シートベルツが地球に来たぞ!」という、その1曲目でつくってたの（笑）。

──それでこういうタイトルなんですね。

菅野 そう。「なんだココは!?」とか言いながら宇宙船で降りてくる、みたいな（笑）。実際、タイの、ミニ・アルバムのジャケット撮影場所に行ったときの「なんだココは!?」という気持ちを曲にしたかったというか。だから、つくってるときには映画に使おうなんて少しも思ってなかった。でもなんとなく映像に当ててみたら戦闘シーンに合ってたから、「じゃあいいじゃん」とか思って（笑）、あとは映像に合うように時間を伸ばしてアレンジして、それがアルバム・バージョンになったの。

2 Ask DNA

劇場版OPテーマ。ミッドテンポでややルーディな雰囲気がイカシてる。歌はRaju Ramayya、歌詞はTim Jensen。

菅野 やっぱりねえ、“Tank!”みたいなバキッ!とした曲を求められてたとは思うのね。で、そういう人からすればこの曲は地味にうつるかもしれないけど、でも「いいじゃん別に」とか思ってさ（笑）。今回の映画のイントロのあとの雰囲気が、オレにはこれしか考えられなかったんだよね。「ただの賞金稼ぎさ」って言ったあと、ヌルッて始まる、ああその感じ!っていう（笑）。自分的にはすごく好きなの。

──彼はいいボーカリストですよね。

菅野 いいよねえ。私は彼の声、イギリスのアンちゃんって感じに聴こえるんだけどね。本当は日本在住で、年の半分はフランスにいるインド人なんだけど（笑）。でも、ナイーヴだけど余裕のある声でしょ? それが大事なんだよね。

3 Cosmic Dare (Pretty With A Pistol)

打ち込みのビートがどこかあか抜けない、フューチャー・ガール・ポップス。歌はReyrada Hill。歌詞はRaju Ramayya。

菅野 最初から「フェイがラジオで聴いてる曲」という発注があって、実際「フェイのラジオアイドル」って仮タイトルで録ってた。『ビバップ』の世界って未来だけどちょっと古い感じがあるから、未来のポップスなんだけどちょっといなたい、という感じを狙ってみた。あと、これはラジオからの曲ということで、だからオレ的には“24hours Open”と同じ気分。生活環境音という。

──ビデオまでつくっておきながら（笑）。

菅野 うん。これぞサントラの醍醐味（笑）。

──しかし今回はいろいろ暴走してますよね。

菅野 メチャメチャだよね。

──サントラのジャケも、見た時は「正気か?」と思いましたけど（笑）。

菅野 まあでも、なんとなく受け入れるもんだよね、みんな（笑）。いやもう、絶対ついてこないかな、とか思ってたんだけど、でも別に気にしてないみたいだし。

──「『ビバップ』っぽい」って言葉は、つくづく便利だなと思いましたね。

菅野 ねえ? （笑）そうだよね。「これは『ビバップ』じゃない!」っていうのがないもんね。

4 Hamuduche

ピアノとアラビアン・ボーカルだけで構成された、静かで美しい歌。そこはかとなく漂う西洋的なフェイク感が菅野よう子的。歌はHassan Bohmide。

菅野 “Hamuduche”とはお父さんのこと、らしいです。ただその“お父さん”は神さまのことでもあり、友人でもあり、あなたでもあり、恋人でもあり……ってながーい説明があって、とにかくそういうことを歌うと“Hamuduche”という歌になるんだって。この曲を録るのはもう、本当に大変だったの。この人に歌ってもらうためだけに、何時間費やして、何度その人のうちに通ったことか。仲介役みたいな親玉がいて、どうもそいつが悪いらしいんだけどね（笑）。待ち合わせしても「あ、ごめん」とか言って来なかったりするし、N.Y.行って、明日帰るっていうときにやっと連絡取れて約束しても、10分前に電話で「あ、やっぱ今日ダメ」とか言われたりするし。夕方5時の待ち合わせで家に行っても別の客と談笑してて、8時くらいまでずっと待ってたら、「ご飯食べてかない?」とか言われて、なんかシチューとかいっしょに手づかみで食べて、それから飲み始めたり（笑）。そういうのを何度もやって、やっとたどり着いた1曲なの。

──すごい。

菅野 でもね、やっぱりそういうふうにしないと録れないのよ。日本だとお金でなんとかなるし、“時間”だって買えちゃうけど、でもこの人はそういうことじゃなかった。本当にじっくり時間をかけないとダメだった。でも、最終的に映画で使われてる場面を見て、これだけの手間と時間をかけた甲斐があったなと思った。ちゃんと“匂い”があるし、それはかけがいのない、大切なものだからね。

5 Is It Real?

切なく荘厳な歌声はScott Matthew。歌詞はTim Jensen。さまざまな音のパーツに、こぼれ落ちそうなほど豊かなニュアンスが込められている。

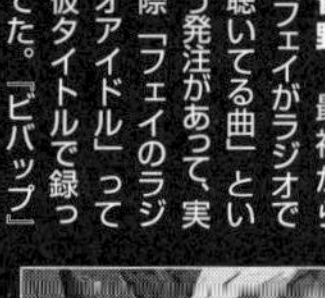

菅野 この曲は、自分としてはすごくストレートに、今回の映画で監督がやりたいことはこんな感じかな?という気分をそのまま曲にしたの。具体的なシーンは何も思い浮かべず、ただ監督の気分だけを考えてつくったの。

──では、まさにテーマ曲なんですね。

菅野 うん。自分の中ではそう。歌ってるマシューさんは、そもそも“Ask DNA”のオーディションに来た人。このとき彼はまだ20歳だったんだけど、可能性を非常に感じたし、今回の映画の“現実感の乏しさ”を体現している人だと思ったのね。たたずまいにしても、声の非現実的な感じもね。でもそのときはほかにいい人がいたから、「じゃ今度なんかつくるわ」ってサヨナラしたんだけど、しばらくしてちょっとヒマができたときに、「よし、つくろう!」ってパッとつくって、急きょ監督に渡したら、使ってくれたんだよね。

ようやく実現した「エンターテイメント魂」爆発のライブ！

——ライブ、とても素晴らしかったです。もはや『ビバップ』云々を超えて、「音楽って素晴らしい」という地点にまで到達していると思いましたよ。

菅野 あ、ホント！ それは嬉しいな。確かに「オレもやるぜ！」って気持ちになった、っていろんな人に言われたな。オレとしてはどっちかというと、「じゃーねーリイリラー」っていう軽いノリだったんだけど、でもサービスはしたかったし、もともとエンターテイメント大好き、ライブ大好きだからね。

「SEATBELTS LIVE 2001 EARTH GIRLS EASY 最後のウイークエンド」(2001年8月10日・東京渋谷AX)

もとからああいうことはずっとやりたかったんだけど、お金の問題とか練習時間の都合でできなかったわけ。でも今回はずっと前から企画立ててたし、リハーサルも2回できて、ようやく実現できたんだよね。

——あれでも練習は2回だけなんですか。

菅野 そう。でも前は1回しかできなかったから。

——今回よかったと思うポイントが2つあって、まずホーン隊の皆さん。失礼ながら、それぞれ単独で見れば普通のおっさんなんでしょうけど（笑）、いろいろな振りつけや動き、あとそもそもの楽曲の良さなどで、彼らがとてもファニーでカッコよく見えるんですよ。それは音楽の力のひとつだろうと思ったんです。

菅野 ホーンについては、私は最初からああいう感じにしたかったね。というのも私、結構ミュージカル好きなんだけど、一度NYで、それこそホーンの人たちがトランペットをポーンって投げたりするミュージカルを見たの。曲自体はクラシックなんだけどね（笑）。それを見て、すごい悔しかったの。なんで日本の人は「リズムが乱れるから」とか言ってそういうことをしてくれないのか、と。だから今回は最初からそういうことをやってくれる人を優先に集めたのね。しかもよかったのは、私が「トランペット投げたりするミュージカルがある」って言ったら、演出の人（斎川光行）とライブのエンジニアの人（大沢"ボーチ"啓孝）が、N.Y.までわざわざ見に行って勉強してきてくれたの。もちろん自分のお金でね。

——それは素晴らしい。

菅野 うん。それで「よし、これ以上のものをつくろう！」って盛り上がって、アレンジにしても選曲にしても、全部そういう"エンターテイメント感"を中心に決めていったの。途中からはホーンの人たちが勝手に踊りをアレンジしてくれたりとか、とにかくノリのいい人たちが集まったのね。

——そのノリの話ですが、もうひとつライヴで良かったポイントが、ボーカリストたちの多国籍ぶりだったんですよ。全員ノリがよさそうでしたよね。

菅野 多国籍軍コーラス（笑）が全員顔を合わせたのは、ライブの前日なのね。「初めまして」なんて挨拶して、たぶんお互い名前とか覚えてないと思うんだけど（笑）、とにかくみんな国が違うから一緒に歌うことはないわけですよ。しかもCDでは録音されたオケに対して歌うだけだから、バンドとも一緒に演奏する機会は一度もなかったわけ。だけど、ステージで演奏しながら見てて、不思議なんだけど、「私がイイと思ってる人は、その人たち同士でもノリが合うんだ」と思ってたのね。ノリから何から、まるで自分たちのバンドみたいに合ってたでしょ？ それは自分でも「へぇ」って驚いた。普通ならリハーサルを何度もしてノリを合わせていかなきゃいけないんだけど、あのメンバーに関しては、あの場だけでそれができてた。それは本当に不思議だったんだけどね。

SEATBELTS「FUTURE BLUES」
シートベルツの初映像作品。永石勝によるショート・ムービーと、2001年8月10日に東京・渋谷AXで行なわれたライブの模様を収録した超豪華版。
DVD ビクターエンタテインメント VIBL-38

「シートベルツ」は同じメンバーで新しいことに挑戦したかった

——菅野さんの中で、シートベルツの音楽は『ビバップ』劇場版という枠を超えて、シートベルツ単独のものとなっていったんでしょうか？

菅野 言ってみれば、「シートベルツ」というものが独立して存在してて、その音楽がたまたま『ビバップ』に使われた、ぐらいの寄り添わなさ具合はあったかな（笑）。でも、いつもは感情移入し過ぎてダメになることが多いんですよ。しかも、感情移入してからそれを戻すのって難しい。時期が経つにつれどんどん深く入ってしまうし、そうすると最初のころには戻れなくなる。だから自分で「あっちいけ！」ってやるために、作品に対してフレッシュでいるために、「シートベルツ」という隠れみので、俯瞰で見られるようにしているわけ。そうしないと、何年もやってるから、酸いも甘いもわかっちゃって、「きっとこんな感じよね」ってやってしまう。それを私は避けたかった。

——シートベルツをクッションにしていたんですね。

菅野 そう。だって私も含めてスタッフは何年もやってるから、作品の中に入り込んでるけど。でも、初めて見る人はそんなのわかんないじゃん？ その危険をちょっと感じてたんだよね。「好き過ぎて遊べない」感じ。だから今回あえて、期待されるものからわざと外していったの。同じスタッフでやっていたら、どうしてもまとまっていくじゃない。でもだからといって私、新しい血を入れるのは基本的に好きじゃないんですよ。同じスタッフで新しいことをやりたい。新しいことをするためにスタッフを入れ替えたりして、新しい才能を浪費していくのはあまり好きじゃないの。でも、いまの音楽の形態って、簡単にプロデューサーを変えたり、ミュージシャンを変えたり作詞者を変えたりする。でもそうするとさ、せっかく知り合えたのに、その人たちと新しいことしようと思っても、その人はもういなくなってる。そういうやり口はあまり好きじゃないの。だから、シートベルツは同じ人でやりたくって、バンドっぽい形にこだわってた。その意味では、「シートベルツ」って、私のそういう気持ちの象徴かもしれないね。

See You Cowboys & Cowgirls
Someday, Somewhere!

KOUICHI YAMADERA　AOI TADA　MEGUMI HAYASHIBARA　UNSHO ISHIZUKA

1998年4月3日、テレビ東京系でSESSION #2「野良犬のストラット」が初めて放映されてから3年と5か月。2001年9月1日、ついに劇場版「カウボーイビバップ 天国の扉」が公開された。テレビ版の製作準備期間も含めると5年以上の月日の中、この作品をプレゼントしてくれたメインスタッフとキャストの7人が、劇場版の魅力や舞台裏を語ってくれた。

MASAHIKO MINAMI　SHINICHIRO WATANABE　KEIKO NOBUMOTO

―まずは声優陣、劇場版の率直な感想をお願いします。

山寺　すばらしい。いやあ、鳥肌立ちましたね。(石塚)運昇さんも言ってましたけど、改めて、やっぱり映画ってのは監督のものだなと思いましたね。映画が終わって、エンドロールでいちばん最初に名前を出させてもらっているのがおこがましいくらい。われわれ声優は、この映画版のアフレコ自体はトータル1日もやってないわけですから。それで、これだけいい気持ちにさせてもらって……本当に「出演させてもらってありがとう!」という感じですよ。自分が出てるとか、あんまり関係なく楽しんじゃいましたね。でも、自分のセリフはチェックしちゃうんだけど…いやぁでもカッコイイ! ほんとにあっという間の3時間50分……。

石塚　長い長い(笑)。

山寺　(笑)…あっという間の1時間54分でした。

渡辺　長いと言われたりもするんですが。

石塚　ほんと?

山寺　監督、いきなりそういうマイナスな感じのことを言わないように。

渡辺　すいません(笑)。

石塚　へぇ～……僕はほんと、むちゃくちゃよかったですよ。自分が言ったセリフの意味が、観てようやくわかりましたよ。ああ、こういうことだったんだ、って。アフレコのときはパーツパーツで録ってたからね。ああ、こういう処理してくるんだ、とか、あとは音楽が入ったり、戦闘シーンがああやってズラーッと出てくると、自分がいる位置っていうのがよくわかった。すごいおもしろい映画だなって思いましたよ。本当、一ファンになって、一観客として楽しんじゃいました。

渡辺　あれ、運昇さん、アフレコのあとは文句ばっかり言ってませんでしたっけ?

石塚　言ってないよ!

渡辺　「俺の出番が少ない」って(笑)。

山寺　「留守番だけだ」って(笑)。でも、さんざん活躍してるじゃないですか。

石塚　まあ、留守番は留守番だけどね。でも、そこそこちゃんとした留守番だなと思って(笑)。ホントにでも、今年邦画No.1の出来なんじゃないですか。

山寺宏一

●やまでら・こういち/アニメ、洋画、CM、最近ではドラマ出演と、その出演作は多岐にわたり、ディズニーのドナルド・ダックをはじめ、「新世紀エヴァンゲリオン」加持リョウジ、など、幅広い役柄を演じる。ラジオ「BAY LINE 7300」(bay fm)のパーソナリティや、人気番組「おはスタ」(テレビ東京系)のキャスターとしても活躍中。

―林原さんはどうですか?

林原　えー、難しいね。全部言っちゃってるから、前の2人が。

山寺　いやあ、そんなことないでしょ。

林原　まあ、よりいっそう、4人と1匹が好きになっちゃって、なんかどうすればいいのよこの気持ち!って感じですね。よりアインはカワイイし、よりエドは愛おしいし、よりスパイクは勝手だし、よりジェットは"家"だし。あとは部分部分でいいところがいっぱいあるんですけど、それは観て、感じる人が感じてください。無責任なようだけど。それから飛行機のとこ、いや飛行機って言うな(笑・編集部注:林原嬢、得意のノリツッコミ)、あのソードフィッシュIIと軍の戦闘シーンなんか、『スター・ウォーズ』を超えていると思いますね。あとはね…私ね、アンディを見つけられたのが幸せでした。

多田　アンディ発見! アンディ発見!

山寺　あ、もしかしてTVシリーズの全部のゲストキャラクターがハロウィンのシーンに?

渡辺　そんなにいないですよ。

山寺　よく『アンパンマン』だとあるんだけどね。そういうんじゃないのね。

林原　アンディ、どこにいるのかお楽しみよ。

山寺　あー悔しい! 馬もいたの? 馬に乗ってたの?

多田　次郎丸……。

渡辺　(遮って)見つけられない人は見つけられないでいい、と。

林原　私、すーぐわかった。すーぐ。

多田　私、2回観たのに見つけられない。

山寺　僕は作品全体を見ているんで……そういう細かいところをあら探しするようなことは……。

林原　あら探しじゃなくて、「あっ!」ってわかったんだもん。

多田　指さしてましたもんね、林原さん。

林原　そう、葵ちゃんに言おうと思ったんだけど、もうシーンが変わってて言えなかったの。

山寺　葵ちゃんのエド以外の役はわかったよ。まあ、わかったというか、いっしょに聞いてたからね、アフレコ。

多田　私もこの前まで忘れてて、試写会を観て、「そう言えばやったんだ」って(笑)。

―多田さんの感想はどうです?

多田　私は今日2回目を観たんですけど、また何か違う発見をした気がした。1回目に観たときは全体的なことを観て、音楽とかそっちのほうに気を取られちゃってたんですよ。アフレコは音楽が入ってなかったから、やっと音楽入りのを観られたから。「このシーンにこの曲を使うんだ！」って感じでしたよね。私ね、エレクトラとスパイクが戦ってるところで流れる音楽が一番好き（"Clutch"）。

林原　ああ、ああ。

多田　よくないっすか？

林原　いい、いい。

山寺　よいっすよ。

多田　あそこ、かっこよかった。♪タラタラ〜タラララ〜って。

林原　すごい、もう暗記してる。

山寺　葵ちゃんの歌もいいよ！　葵ちゃんの歌もすばらしいよ。ぶどうの歌（"3.14"）。

多田　ああいうふうに使われると思ってなかったからビックリした。

渡辺　とりあえず菅野よう子も思ってなかったらしいですけどね。

山寺　運昇さん、気づきました？

石塚　え、何？

山寺　葵ちゃんが歌ってるの。

石塚　あの鼻歌のところでしょ。

渡辺　あ、知ってるじゃないですか。

石塚　はっはっは。いや、鼻歌にしちゃ立派な鼻歌だなって思って、それでジーッと観てたんだよ。

林原　でもさ、お蔵入りした鼻歌もあったね。

多田　ああー、アフレコで歌ったやつ。

林原　あと、ラシードの鼻歌も。

渡辺　お蔵入りしてますね。

一同　んーんんーんんー（と歌う）。

山寺　ミッキー・カーチスさん、観たら怒るかな。

渡辺　「俺の歌がない！」って。

多田　あれ、完全にミッキーさんの歌じゃないんですか？

渡辺　最初に登場するときに歌ってるのはミッキーさんの歌。そのあとモロッカンストリートで歌ってる"No Money"っていうのは、ちゃんと作曲した歌。作曲・菅野よう子、歌・ナゾのアラブ人。

多田　ああー、ミッキーさんかと思ってた。

渡辺　僕は完成披露試写のとき上映中は会場内にいなかったんで聞きたいんですが、観ている人の反応はどうだったんでしょうか？

山寺　よかったですよ。

多田　ウケてましたよー。

石塚　大爆笑ですよ（笑）。

山寺　大爆笑って。べつにお笑いアニメじゃないんだから。

多田　でも、特にジェットがウケてた。

石塚　いや、みんな笑ってましたよ。

林原　「ヘイ、タクシー！」でも笑ってたし。

山寺　笑ってた笑ってた。あれ、うれしいもんだね。笑いがくるって。べつに笑ってもらうアニメじゃないんだけど。

石塚　あの場面、覚えてたから、笑うかどうかな〜って思ってたんだけど……すごく緊迫した場面だからね。でも、ポン！って来たら笑ってて。

山寺　さすが、狙い通り。

林原　でもそういうシーンがないと切なくなっちゃうもんね。

渡辺　スタッフ内の試写って全然笑わないんですよ。みんなチェックしちゃうから。

全員　ああー。

南　みんなリテイク部分とかを気にしちゃうからね。

渡辺　特に自分のパートを鬼のような目つきで見てるから、ウケてるんだかウケてないんだか全然わからないんですよ。

山寺　エドが壺に入るとことか、あそこ笑いがきてね、俺のセリフに笑いが被って聞こえないんですよ。「雑技団に売り飛ばすか」ってトコ。"笑い待ち"したくなりましたね。芝居だったら確実に笑い待ちするとこですね。まあ、逆に笑い待ちしちゃいけないっていう芝居もあるでしょうけど。まあね、運昇さんは昔、舞台でよく笑い待ちをしてたんですけど。

石塚　ええ、たくさんしますね。

山寺　でも、アニメはそれができない。

渡辺　編集で直せ、と。

山寺　いや、違くて（笑）。

石塚　笑いの間、空けとけって？　それいいね。

山寺　で、誰も笑わなかったら、ムダーな間ができる。でも、うん、ウケてましたよ。

渡辺　そうですか。それはよかった。

石塚運昇

●いしづか・うんしょう／舞台役者としてシェイクスピアシアター全作品出演ほか、洋画、CM、ナレーション等で活躍する実力派。アニメーション出演作として「MACROSS PLUS」ガルド、「頭文字D」藤原文太、「ポケットモンスター」オーキド博士など。重厚な演技とはうらはらに、普段はかなりの"ボケ役"（？）。他の『ビバップ』レギュラー3人によくツッコまれていた。趣味はゴルフ

―監督の感想はいかがですか。

渡辺　いや、できてよかったと。

山寺　どんなんですかね？　これだけ大変なものをつくると。

渡辺　スタッフってね、わからなくなるんですよ。あまりにも観過ぎて。40回も50回も観てるんで、おもしろいんだかつまらないんだか最後にはわからなくなって。大体メインのスタッフはそうなるんですよ。だから逆に客観的な意見が聞きたいなっていう感じですね。

南　俺はおもしろかったよ。0号試写見たとき。

石塚　いや、やっぱり観客の反応メチャクチャおもしろかったですよ。うん、ほんとにおもしろかった。

渡辺　そんなにウケてたんですか？

石塚　なんか最初の「敵を欺くにはまず味方から」っていうあの時点で……。

林原　もう、トッカンドッカンノ（笑）。

多田　私、あの「クルクル、ブッ」で誰か笑って欲しかった（と、スパイクが銃をクルクル回して煙を吹く仕草）。おいおい、おいおい、そりゃねーよ、って。ズルイなー、あれ。

山寺　でも、みんなレンジィにはいまいち付いてこれてなかったかも。

多田　（巻き舌で）「カリー」って言ってるところでいつも「プッ」ってなっちゃう。

山寺　俺たちはすっごい楽しんでたのにね、あれ。あれは何回か見てると味が出るんだよね。

石塚　ものすごいおもしろいよね、あれ。

多田　レンジィの、こう、後ろ髪がキュインってなってるのもすごいウケる。

渡辺　俺もレンジィすっげえおもしろいなあと思ってるんですけど、スタッフ試写でも反応が薄くて。「レンジィおもしろい、この演技も最高だな、と思ってるの俺だけ？」とか思っちゃった。

山寺　笑っていいんだかなんなんだか、って感じなんじゃないですか。まあ、わかりやすいおもしろさじゃないかもしれないけど。

多田　玄人受け。

山寺　でも、あれがだんだんボディーブローのように効いていくという。

石塚　ボクシングかい（笑）。

林原めぐみ

●はやしばら・めぐみ／TVアニメ「めぞん一刻」でデビュー後、「らんま1/2」らんま、「スレイヤーズ」リナ、「新世紀エヴァンゲリオン」綾波レイなど、数多くのヒット作に出演。女性声優として不動の人気を築く。加えて、シンガーとしてもCDを多数リリース。作詞等にもその才能を発揮している。現在「月刊ニュータイプ」にて「愛たくて逢いたくて……」を連載中

―手応えみたいなものはどこかの段階で得られたりしました？

渡辺　あのー、いつもそうなんですけど、ダビングのときに音と音楽を入れたときには、ちょっといいかなと思いました。

多田　「ちょっと」いいかも？

山寺　あと、オープニングは初めて見ましたね、そういえば。

多田　あれ、かっこいい。

林原　さすがだな、と思いました。

多田　私、あのオジサンが首をクイッと曲げるところが好きだった。

山寺　最後、スパイクが出てきて安心しました（笑）。

一同　あははは。

林原　妙にスパイクが……。

山寺　かっこいい！

林原　足長すぎ。

多田　ありえないっすよ、あれ。

山寺　いやいや、めちゃめちゃかっこよかったー。俺かな？とか思っちゃったもん（笑）。

多田　でもやっぱ、掃除会社の帽子かぶってても、髪が横からボワッと出てるのね、と思った。

山寺　モップにモップ、みたいなね。

―みなさん、アフレコのときと完成版とでは印象は変わりましたか？

山寺　さすがにTVシリーズでずっとやらせてもらっていたんで、なんとなく「こういうふうにかっこよくなるんじゃないか」という予想はありましたけど、やっぱりもうね、予想を超えてましたよ。とにかく最初のモノレールのシーンからドキドキして……しかも、大きいスクリーンで観るとね……ほら、でっかいスクリーンで観たことなかったから。ますます凄いなって、圧倒されちゃいました。

―林原さんは？

林原　難しいですね。観たくないシーンまで観なくちゃならないし。

多田　きたー！　フェイフェイ、なんか殺気を感じたもん。牢屋のシーンとかもう……。

林原　すっごいムカツク。たまん

ねーよな、ほんと腹立つ。
渡辺　私が捕まってる間に何してるんだお前らは、と。
山寺　そっちはそっちでなんかよろしくやってたじゃないの！
林原　よろしくじゃないじゃん。捕まって、手足縛られてるんだからさ。
山寺　オッパイぷるん（笑）。
林原　ねぇ。
山寺　鼻血出してた人、今日いたみたい（笑）。
林原　でも、なんか難しいですね、試写って。「林原めぐみ」さんは全部観て「やっほう！」って興奮してて……自分たちやゲストの人たちのハマリ具合を客観視して楽しんでいる自分というのもいるんですけど、やっぱり「フェイ」としての自分みたいなものが勝手にムカついたりするんで……そういうのが、疲れます。でもね、そこまでのめり込めるというか、役になれるというのも、すごいいいことなんだろうなって。そこまでのめり込める作品なんだよな、やっぱり、ということも確認しつつ。
――時間をおいてまた観ようかな、という感じはありますか？
林原　う～ん……あのね、全然違う話でごめんなさい、こないだゲームになるので声入れなきゃいけないっていうので、久しぶりに『エヴァンゲリオン』をちょっと観返したんですよ。そうしたらすごい冷静に観れて。たぶん、なんか"溶けちゃって"るんでしょうね、自分の中でレイちゃん自体が。だから、5年後ぐらいだったら、『ビバップ』も溶けて見られるかも知れません。
山寺　5年後まで観ない、と。
林原　観てもあのシーンは飛ばすと思いますね。
多田　牢屋は飛ばして（笑）。
林原　あと、モップで戦ってるところ。スパイクがニヤッと笑うところとか、「あー」ってなる。
山寺　戦ってるんだからいいじゃない。
林原　違う！　あのゆとりがむかつくんだよ。
渡辺　エレクトラなしバージョンをつくってくれ、と？
多田　全部フェイにすり替えちゃえばいいじゃない。
山寺　よくわからない話になってきました。
林原　なんで山寺さんはこういう話をわかってもらえないのかしら。せつないわ。
多田　フェイフェイはこんなに切ないのに。
林原　ねえ。
山寺　なんで俺なんだよ。
林原　「俺」のやってる役だから。
いや、べつに山寺さんに責任はありません、まったく。
渡辺　でも、他の人は冷静に観れたりするんですか？　自分の役がどう、とかいうのはおいておいて。
山寺　ああ、どうなんだろう。1回目観たときはやっぱりね、自分がどうだったかなとか、いろんなことを考えちゃいますね。作品というよりも。でも、『ビバップ』に関しては比較的引いて観れちゃうかな。楽しめますよ。ねえ？
多田　私は逸脱してるから（笑）。なんかもう、絡みがないし、自分の世界で生きている人なんで、もうそういうところから関係ない人というか。
渡辺　ああすればよかった、というのはないの？
多田　あんまり。
山寺　ないんだ。
多田　べつに。「ああ」とか「ふーん」みたいな。ほんと、自分じゃない人を観てるみたいなんで……だから普通に観れたかも。逆に普通のやつだったら、チェックしたりするんですよ。「いまのところ、もうちょっとためれば……」とか。でもなんか、エドは違う人に見えてくるから、自分がやってる気がしなくて、あんまりチェックしてません。

多田葵
●ただ・あおい／幼少のころから子役俳優として、舞台を中心にTV・CMなどで活躍。舞台出演作としてミュージカル「アニー」アニー、「サウンド オブ ミュージック」クルト等がある。洋画吹き替えの経験もあり、本シリーズがアニメーション初出演となる。現在HBCラジオ・東海ラジオ・KBCラジオにて放送中の「サンライズラヂオ ターボ！」ではパーソナリティーも担当

むしろほかの人をなんか観ちゃう。
山寺　まあ、自分のところで大笑いしてましたからね、葵ちゃんは。「最高ー！」とか。
多田　してませんよ！　そんなの。
山寺　ああ、ごめんごめん。
林原　でも、そういう作品もない？　自分のところで大笑いしちゃうような作品も。
山寺　まあ、あるかな。
林原　自分がやってることも忘れてさ。
山寺　いや、でも初めて観るときは自分……ドキドキするかな。「あ、なんでここで『もっとこういうふうに』って言われてたのか、ああなるほどわかった」とかね。監督は流れで考えてるから全体を見たうえで指示を出しているんだろうけど、僕らはどうしてもシーンごとというか、あまり全体の流れはわからないから。それで今日、観てみて、ああなるほどな、って。
多田　今日、観たときは、私はフェイフェイの気持ちになって観ちゃったかも。フェイフェイ視線で。
林原　あ、ほんと？　それは殺気のせいで？

多田　そう（笑）、スパイクの「お前が動いてくれなきゃ場が締まらねーんだ」ってところで……「この野郎〜っ！」って。次観るときは、じゃあジェットの視線で観ようかなって。

林原　そうしたら切ないかもね。

渡辺　留守番ばっかりだ、って（笑）。

多田　ウエタン見て、某「コーヒー会社にそっくりなコーヒー飲んで。あと、トータス清掃会社に「亀清掃」って描いてあるのを見てウケた。

——細かいところ観てますねー。

多田　でもキャンディは見つけられなかった。

渡辺　ジェットはチェックしてるんですか？

石塚　いや見てますよ。

渡辺　まずは“俺”の演技？

石塚　いや、そんなの全然ないですね。

渡辺　俺の演技はいつも完璧、とか？

石塚　いやいや。でもこう、4人で芝居してるところは、自分で言うのもおかしいけど、すごく息が合ってるな、と思いましたね。それと、モノレールの場面とか、アフレコのときとは雰囲気が違うから、息が詰まりそうな、アクション映画を観てるような気分でしたもん。「ああーやられるー！」って。

山寺　スパイク死んじゃうんじゃねえか、とか？

石塚　大丈夫かなぁ、って。

山寺　このままこの作品終わっちゃうんじゃないかって？

石塚　このあと、俺が主役になったんだっけな？　とか思って。いや、そんな脚本じゃなかったって（笑）。でもほんと、あのスピード感はすごかった。

山寺　ところで、エドは街を歩いてるときも裸足だったね。

多田　靴、履こうよ（笑）。

——**エドはTVにもましていっぱい変な動きしてましたね。**

多田　こんなんなってるとき（と、手をクネクネさせる）があって、ちっとビックリした。

渡辺　この間も聞かれたんですが、なんか犬（アイン）は妙にリアルなんですけど、でも横にいるエドがさっぱりリアルじゃないのは、何故でしょうか、って。

多田　最後になんか出てたじゃないですか。「ARE YOU LIVING IN THE REAL WORLD?」。それこそエドに聞いたほうがいいかもしれない。本当にお前はリアルワールドに生きているのか？って（笑）。

——**あと、アクションシーンの完成度がすばらしかったですね。格闘技にしろ、空中戦にしろ。**

渡辺　女性はね、だいたい「アクションなげーよ」って言うんですけどね。殴り合ってるところとか。男性は結構「もっと見たい」って言うんです。そのへんがなんか分かれてておもしろいかなと。

——**その辺は女性陣、どうですか？　格闘シーン長いですか？**

多田　痛い。グシャってなるのが痛い。あれってどうなってるんですか？　指がめり込んでるんですか？

渡辺　え、どのシーン？

山寺　モノレールのシーン。あれはね、フィリピンの心霊手術と同じ方法でね、豚の内蔵とかを横から出してきてるだけでね、実際は違うんだよ。

石塚　よくそんなこと知ってるなー。

渡辺　いや、あれは謎の拳法なんですよ。

多田　あと、動きが柔らかいですよね。いっつも思う。スパイクの戦い方って柔らかい。

山寺　截拳道（ジークンドウ）。

多田　こう、フニャッフニャッとしてて……（と、手をクネクネさせる）。

山寺　それはエドでしょ。

多田　いやいやいや！

林原　あと私はね、アフレコ終わったときにも言ったんですけど、やっぱり肉弾戦はしないといけないなって。要するに、ヴィンセントは精神的なところばっかりで生きてきて、人と本気で殴り合ったとか……タイタンでどういう戦いがあったのかはまた別として、そのあとの悶々とした生活の中では勝手に1人で生きてきて、ジャマだなって思うやつはバーンって殺したりして、

渡辺信一郎

●わたなべ・しんいちろう／サンライズ入社後、制作進行を経て「機甲猟兵メロウリンク」「機動戦士ガンダム0083 star dust memories」等の演出・絵コンテを担当。'95年、OVA「MACROSS PLUS」で初めて監督を担当（「MACROSS PLUS」は'96年に劇場公開）。スタイリッシュな演出と音楽のセンスで注目を集める。TVシリーズ初監督作品が「カウボーイビバップ」

ARE YOU LIVING IN THE REAL WORLD?

自分の道を本当に遮る人がいなくて……だから、やっとなんか、会えたんだと思うんですよね。だからスパイクも「同じ匂いがする」とか言ってるし。だからそういうもの同士は………フフッ、すごいこと言おうとしちゃった。

山寺 え、何？

多田 ククククッ。

林原 自分で笑ってる。

山寺 自分の内側に入って盛り上がってる。

林原 違うの……格闘ホモ……じゃなくて……。

山寺 ……格闘ホモ!?

——新しいですね（笑）。

山寺 格闘ホモ……。

石塚 格闘ホモってなんなの？

林原 違くて……戦いの中に通じるものがあるっていう……。

——殴りながら通じ合っていく関係もある、ということですよね？

林原 そうそう。

山寺 ああ、最後には原っぱにドテッと大の字になって「あははは」っていう？

林原 なんか違う！

多田 はははははは。

林原 だからでも、そういうためにも、スパイクは銃でバン！じゃダメだったのね。

石塚 ああ……愛撫なのね。

一同 （苦笑）

山寺 格闘イコール愛撫。監督、そういうことなんですか？

渡辺 いや、どのように見ていただいても。

石塚 前戯みたいなもんなのかな？

——うわあ……。

山寺 監督、そうなんですか？

渡辺 いや、どのように見ていただいても。

林原 （まとめに入って）……と、本当にうまく言葉で言えないんですけども、私は勝手に解釈しました。だからね、あれはただの長いケンカじゃなくて……スキンシップっていうとまた誤解を生むんだけど、愛をもって拳固を、と。

——アクションシーンは長くない、と。

林原 そう。だから長くはないの。

——他に何か変わった反応はありました？ 格闘ホモ以外に。

林原 違う！

南 やっぱり、スパイクの女ったらしぶりに対する反応は多いかな。

林原 ねーねー！

多田 ねーねー！

南 というのが多いな。

山寺 どこが女たらしなんですか。

——今回のスパイク、女たらしだと思いますよ。

南 昔の女の話を、新しい女にしながら口説くなんて、ねえ？

石塚 え、あれ、口説いてたの？

多田 しかも「こんな話するの、アンタがはじめてだよ」みたいなこと言って。

山寺 ああ、そういうのに弱いですよね、女の人。

南 でも、いつも運昇さんは言ってるんですよね？

石塚 そんな……。

山寺 運昇さんのプライベートに比べたらもう、全然（笑）。

石塚 これ、本に載るんでしょ？ ダメだよ！ そんなこと言っちゃいいじゃない、そんな俺の話なんかどうでも。

山寺 でもさ、スパイク、女ったらしかなあ。

石塚 女ったらしでいいよねえ？ 俺、大好きだけどな、女ったらしの男って。

林原 たらしの自覚がないのが、たらしなんだ。

山寺 いや、でも俺じゃないし。

石塚 山寺は違うよな。

林原 山さんは違う。

山寺 俺は違いますから。

石塚 監督はやっぱり女たらしなんですか？

渡辺 いやいやとんでもありませんよ。

石塚 スパイクというキャラに監督の人格が……。

渡辺 まったく投影されてませんよ。架空のキャラクターです。

石塚 ああなりたい？

渡辺 いやいや。あくまで想像の……。

石塚 あれもいいな、と？

渡辺 ………。

多田 珍しい！ 運昇さんが攻めてる！

渡辺 自分がちょっと突っ込まれたからって……。

石塚 いやいやいや。

林原 攻撃は最大の防御。

——女たらしと言われるなんて思わなかったですか？

渡辺 予想外でしたね。

石塚 （小声で）あれで女ったらしって言われたらなぁ……。

林原 何ブツブツ言ってるんですか？

石塚 いや。

渡辺 大したことしてないんですけどね。

山寺 ねぇ？ 全然なんにもしてないよ。

石塚 なあ。

——ところで『ビバップ』ってこれで本当に最後ですか？

石塚 年に一度の恒例っていうのはないの？

渡辺 なんの恒例ですか。

南雅彦

●みなみ・まさひこ／サンライズ入社後、制作進行、制作デスクを経て初プロデュース作「疾風！アイアンリーガー」を手がける。その後「機動武闘伝Gガンダム」「天空のエスカフローネ」「カウボーイビバップ」などをプロデュースしたのち、'98年10月サンライズを退社し制作会社「BONES」を設立。「ヒヲウ戦記」「エンジェリックレイヤー」などを制作

林原　つまんないなー。終わっちゃうのね。

石塚　お祭りっぽくやらないの?

渡辺　カウボーイ祭?

石塚　そう。年に一度の。暑くなったら『カウボーイ祭り』。

渡辺　5分くらいのね。

多田　5分でもいいー!

渡辺　もうちょっとやりたいなぁ。

渡辺　というウチに終わるんがいいんですよ。

——最後です。一言で「私にとっての『ビバップ』」を。

山寺　難しいなぁ。

石塚　えっと石塚ですけど、総括しますが、この作品は僕にとっての代表作です。

一同　おお〜。

石塚　以上です。

渡辺　『ポケモン』に行くと、「『ポケモン』が僕の代表作です」とか言ってるんじゃないですか?

山寺　それで『頭文字D』に行くと、『頭文字D』が僕の代表作です」とか。

石塚　何言ってるの。ほんとにもう……この作品に出られたこと自体が幸せですよ。

一同　おお〜。

石塚　もうほんとに、僕が死ぬときは「『カウボーイビバップ』でジェットをやりました」って墓に書いておいてください。

山寺　そんなこと言っておいて、次に渡辺監督に会ったときに「はじめまして」って言うんじゃないでしょうね。

渡辺　誰だっけあれ?　とか言って。

林原　あるある、絶対ある!

山寺　「どこかで一緒になったよな……」って。

林原　葵ちゃんとか、絶対にわからなくなってて。

渡辺　「誰あんた?」って。

山寺　だって5年も経つとすごいですよ。葵ちゃん、もう大学卒業してますからね。

南　結婚してるかもしれない。

山寺　お!

多田　いや、ないな。

林原　ねえ、ビバップの話でしょ。じゃあねぇ、私は「女を武器にする女は嫌いだったけど、嫌いじゃなくなった作品」。

一同　ほおぉ〜。

山寺　すごいなぁ、うまいこというなぁ。葵ちゃんは?

——デビュー作ですよね。

多田　そう……だから、「私を見つけてくれてありがとうございます作品」です。自分の中でやれる役が広がったから。幅が広がって……“無気力声優”への道を歩ませてくれてどうもありがとうございました(笑)。

渡辺　無気力声優……幅、狭まってるんじゃないか?

多田　確かにね、声優という意味ではすごく狭くなっちゃったかもしれませんけどね。普通の役とかオファー少ないから。

石塚　はっはっはっは。

多田　ちょっとやる気出すとダメって言われる。でも本当、私にとっては、アニメが嫌いじゃなくなった作品です。昔、アニメってあんまり観たことなかったんですよ。でも『ビバップ』見て、先入観が全部捨てられた。

山寺　この作品ではさまざまな素晴らしい出会いがありましたけど、とくに信本さんと出会えたことが良かったですね(笑・編集部注:信本はこの座談会の際、遅刻して出席者一同に心配された)。あとは……うん、とにかく僕にとっても代表作。初めてのTVシリーズの主役が劇場版にまでなっちゃって、プレッシャーもあったけど、本当に思い出に残る作品でした。

——信本さんは?

信本　えー……好きなことをやってもいいんだなっていうことがわかった作品でした。

——いままではやっちゃいけなかったんですか?

信本　うん。

一同　はははは。

信本　いや、それは本当に巡り合わせで、「こういうのが好きだ!」って言ったら「俺も好きだよ」って言ってくれる人がわりと自然に集まってくれた作品で、それがよかったなって。いままでは、やりたいことも「そんなのは全然受けないよ」で終わり、というのが多かったから、それをやらせてもらえて、しかもみんなおもしろいと言ってくれて、それは何よりもありがたい作品でございました。

——すばらしいコメントです。

信本　締まった?

林原　締まった締まった(笑)。

——じゃ本当に最後、渡辺監督は?

渡辺　作品自体もそうなんですけど、いろんなスタッフに出会えたことがよかったなと思いますね。特にアフレコ終わったときに、この4人のキャストの絆みたいなものが感じられて、ちょっとうれしかった。2年もブランク空いて、もう忘れてるんじゃないかとか、特にジェットさんとか心配してたんですけど(笑)、あとスタッフも含め、偶然なのか必然なのかいい人たちが集まってくれて、うまく噛み合った作品だとも思って、そういう意味で、幸せな作品なんじゃないですかね。

一同　おお〜。

信本敬子

●のぶもと・けいこ/第3回フジテレビヤングシナリオ大賞受賞後、シナリオライターとしてデビュー。「バナナチップスラブ」「ナースコール」「ワールドアパートメントホラー」「白線流し」など、実写、アニメ、TV、劇場など幅広いジャンルで活躍中。渡辺監督とコンビを組むのは「MACROSS PLUS」以来2度目。「カウボーイビバップ」が初のテレビシリーズアニメ作品劇場版で使用された設定資料をコレクション。色が無く、線だけで描かれたキャラクターやメカニックの絵だからこそ、逆に浮き彫りにされるデザインの魅力にふれて欲しい。

PRODUCTION DESIGN

REGULAR SIDE

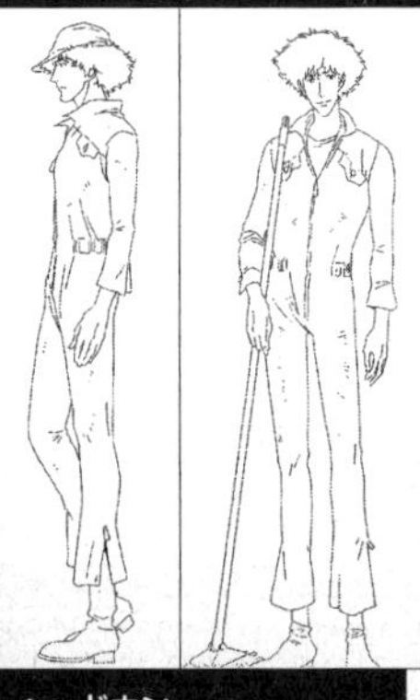

清掃員姿

◀清掃会社の社員を装ってチェリオスメディカルに侵入した際の変装姿。アイデアはよかったが、元・特殊部隊所属であったエレクトラには正体を見破られてしまった。

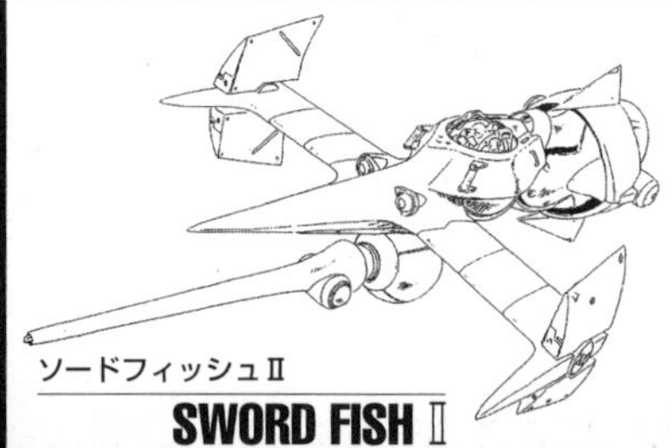

ソードフィッシュII

SWORD FISH II

▲レース用のモノマシンを改造したスパイクの愛機。前方に突き出たプラズマカノンが主な武器で、射程1000キロ、TNT火薬1トン分の破壊力をもつ。火星軍の戦闘機と激しいドッグファイトを繰り広げた。

ヘッドホン

▶一見すると何の変哲もない普通のヘッドホンだが、実は無線レシーバー。コンビニ強盗を捕まえる場面ではジェットとの連絡に使用。また、エレクトラの服に滑り込ませたコインに内臓した盗聴器の受信にも使った。

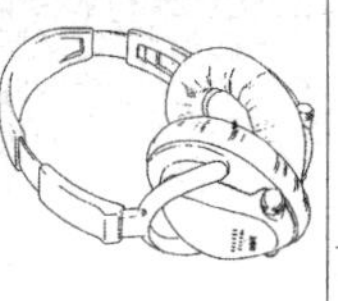

スパイク・スピーゲル

SPIKE SPIEGEL

▲賞金稼ぎを生業にする根っからの自由人。格闘技・截拳道（ジークンドウ）の使い手で、劇中では華麗なアクションも披露する。かつて属していた組織レッド・ドラゴンの幹部ビシャスとの確執や、そのビシャスとともに愛した女ジュリアが行方をくらましたことから、まるで「覚めない夢」でも見ているような、深い喪失感を抱えている。そんな過去から、夢と現実の間に生きるヴィンセントにひかれ、命を賭けた対決を挑むことに…。

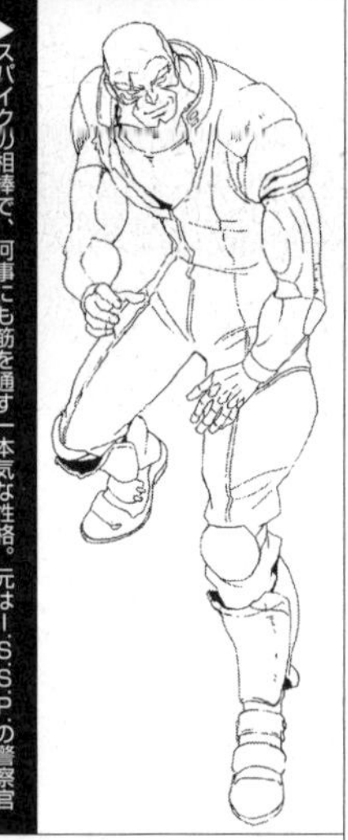

▶スパイクの相棒で、何事にも筋を通す一本気な性格。元はI.S.S.P.の警察官だったが、内部の腐敗に嫌気がさして気ままな賞金稼ぎに。ビバップ号の持ち主で、そこに集まるスパイクやフェイたちにとっては親のような存在、とも言える。いつも勝手な行動をする仲間たちを心配しているが、頑固者なので素直にその気もちを表に出せず、内心でやきもき。今回もそれは変わらず、これも親ゆえの悩みか？

ジェット・ブラック

JET BLACK

MECHANICS

ごみ収集車

▲スパイクがチェリオスメディカルへ侵入するため、清掃会社から拝借してきた車両。トータス清掃会社、という社名。脱出する際に銃撃を受けたが壊れず、意外と頑丈だ。

ハンマーヘッド

HAMMER HEAD

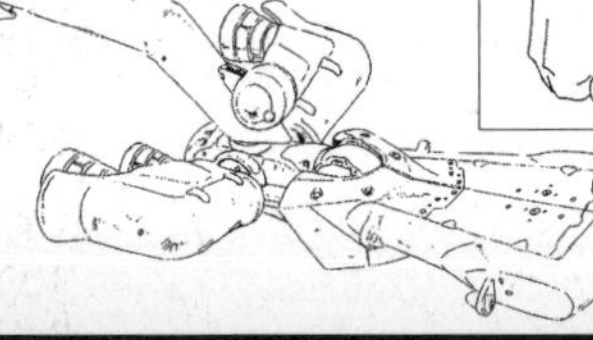

◀漁業用のキャッチボート用の機体サックスフィッシュをベースに改造した、ジェットの搭乗機。機体後部に巨大なアームがついていて、いかにもジェットの愛機らしい無骨なシルエットを生み出している。

ビバップ号

▶年季の入ったオンボロ船だが、ジェットやスパイクたちにとっては大事な居住空間兼宇宙船。漁業の盛んなガニメデで惑星間漁船として使われていたのを、ジェットが買い取って改造したものだ。単独での大気圏への突入・離脱能力を備えている。

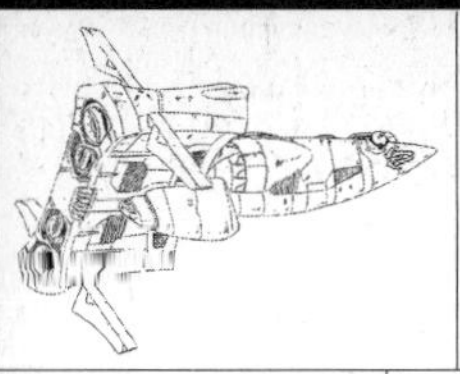

ランタン仮面姿

▲ヴィンセントのアジト探しをしていたエドの変装姿。と言っても、カボチャのかぶり物とマントだけ。ハロウィンの子供を装って…というより、この格好がしたかっただけなのかも。

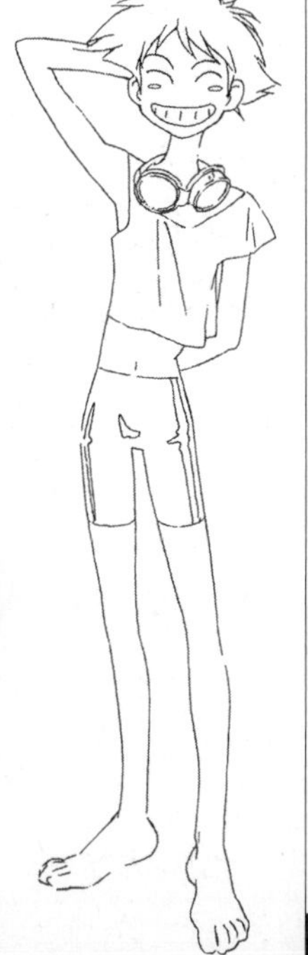

エド EDWARD WONG HAU PEPELU TIVRUSKY 4th

▲生まれついての野生児で、かつ天才ハッカー。野生の感性で行動するさまはほとんど動物？　そのせいかビバップ号の仲間では犬のアインと一番気が合うようだ。今回の物語でもネットの中から事件の鍵を探り出し、アインとともにヴィンセントのアジトを発見するなど大活躍。だが、最後の最後で役に立たないところはいつもの通り。やはり、お気楽・極楽のエドなのであった…。

フェイ・ヴァレンタイン FAYE VALENTINE

▲その美貌のわりに、すれっからしな性格が玉にキズな女賞金稼ぎ。54年間、冷凍睡眠していたために記憶を喪失している。そんな彼女にとってビバップ号での旅は、失ったアイデンティティーを取り戻すためのものなのかもしれない。テロ事件の目撃者として犯人のヴィンセントに迫るが、絶体絶命の危機に。そのヴィンセントがフェイの命を救ったのは、同じような喪失感をもつ者の匂いをかぎ取ったからだろうか？

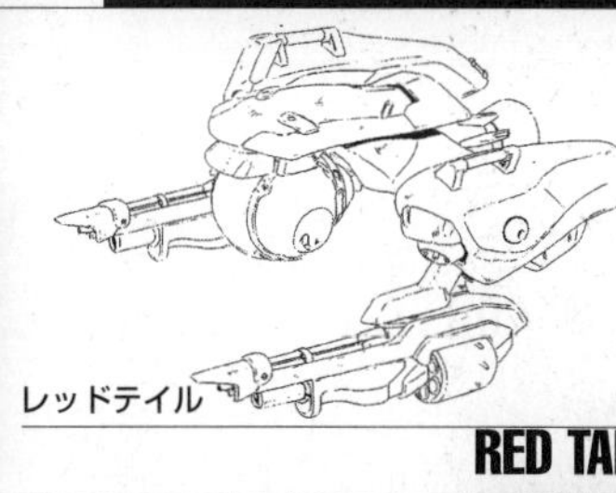

レッドテイル RED TAIL

▶フェイの乗るモノマシン。機体の両脇の武器はアタッチメントでさまざまな武装に交換が可能。フェイの場合は火力重視で、30ミリバルカン砲とグレネードランチャーを装備している。

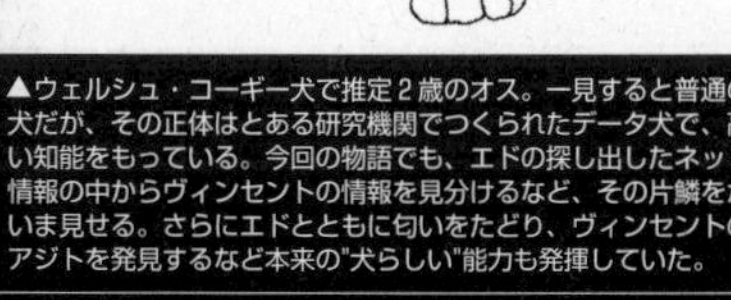

アイン EIN

▲ウェルシュ・コーギー犬で推定２歳のオス。一見すると普通の犬だが、その正体はとある研究機関でつくられたデータ犬で、高い知能をもっている。今回の物語でも、エドの探し出したネット情報の中からヴィンセントの情報を見分けるなど、その片鱗をかいま見せる。さらにエドとともに匂いをたどり、ヴィンセントのアジトを発見するなど本来の"犬らしい"能力も発揮していた。

追加設定

◀劇場版で追加された首の後ろの白い菱形の部分。実際のコーギーもこうなっていたが、ＴＶ版では作画上の理由から省略されていた。

ヴィンセント・ボラージュ
VINCENT VOLAJU

仮装姿
▶火星のアルバシティーで行なわれたハロウィン・パレードに紛れ込むために、ヴィンセントが使った帽子。これをかぶったヴィンセントの姿は、まるで魔法使いのようだ。

▲ナノマシンを使った無差別大量殺人を企てる無感情のテロリスト。元は火星陸軍の特殊部隊に所属し、エレクトラとは恋人の仲だったようだ。かつてタイタンの戦役に従軍。ナノマシン兵器の実験台にされた部隊は、カウンター・ナノマシンを体内に注入されていたヴィンセントを除いて全滅してしまった。戦場から帰還後、その過酷な体験のためにあらゆることに現実感がもてず、まるで夢の中にいるかのように生きている。

入れ墨
▲右腕の手首にある入れ墨は、火星陸軍特殊部隊に所属していたことを示すもの。フェイが撮影した爆破事件の映像から、ヴィンセントの身元を割り出す鍵となった。

表情
▲虚ろな眼と表情に乏しい顔。何を見ているのかわからないその顔は、現実と乖離した男の心が透けて見える。

MECHANICS
ヴィンセントの車
▼ヴィンセントが検問中の警察官を殺害したときに乗っていた車。助手席にはリーが乗っていた。2ドアのセダンで、ヨーロッパの高級車を彷彿とさせるシルエットをもつ。

MECHANICS
タンクローリー
▶ヴィンセントがハイウェイ爆破事件に使用したタンクローリー車。これを爆破し、ナノマシンを散布した。

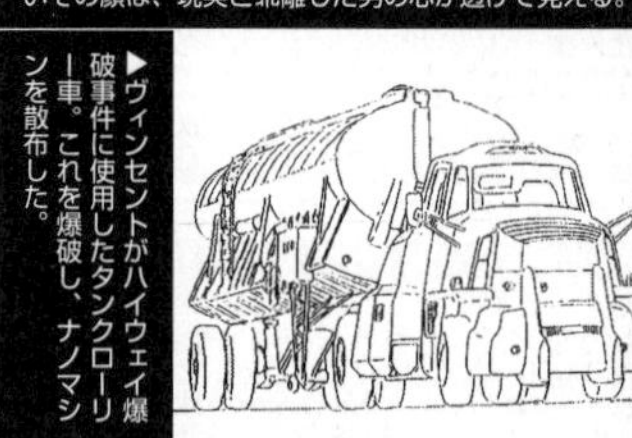

表情
▶たたき上げの軍人らしく、凛々しさがあふれるシャープな顔立ちが特徴のエレクトラ。しかしそんな表情の中にも、どこかしら寂しさが漂い、彼女の心の内もうかがえる。
エレクトラ・オヴィロワ
EREKTRA OVIROWA
ジュラバ
◀ドクター・メンデロの行方を探るため、モロッカンストリートに潜入した際の姿。身にまとっているのはジュラバと呼ばれるモロッコの民族衣装だ。頭からスッポリとかぶるフードが特徴で、顔にはベールをつけている。
▲火星陸軍中尉で、軍の極秘プロジェクトであるナノマシン開発にかかわる。ナノマシンの秘密を知るヴィンセントを捕獲しようとそのあとを追うが、そのヴィンセントとはかつては恋人の仲。軍人としての職務と、昔の恋人に対する気持ちの間で苦悩する。マーシャルアーツの使い手で、スパイクと互角の戦いをするほどの腕前。ヴィンセントとの関係を疑われ独房に収監。そこで出会ったスパイクと心を通わせるが…。
アクション
▼格闘技の使い手らしく、服の上からでも鍛えられた筋肉がわかる引き締まった体。その体から繰り出される技は、しなやかでいて、かつ力強さを感じさせる。
MECHANICS
エレクトラの車
▶エレクトラがモノレールに乗ろうとするヴィンセントを追う場面で使った、2ドアのスポーツ・カー。SFのメカらしいラインを取り入れながら、現実にありそうな絶妙のフォルムをしている。

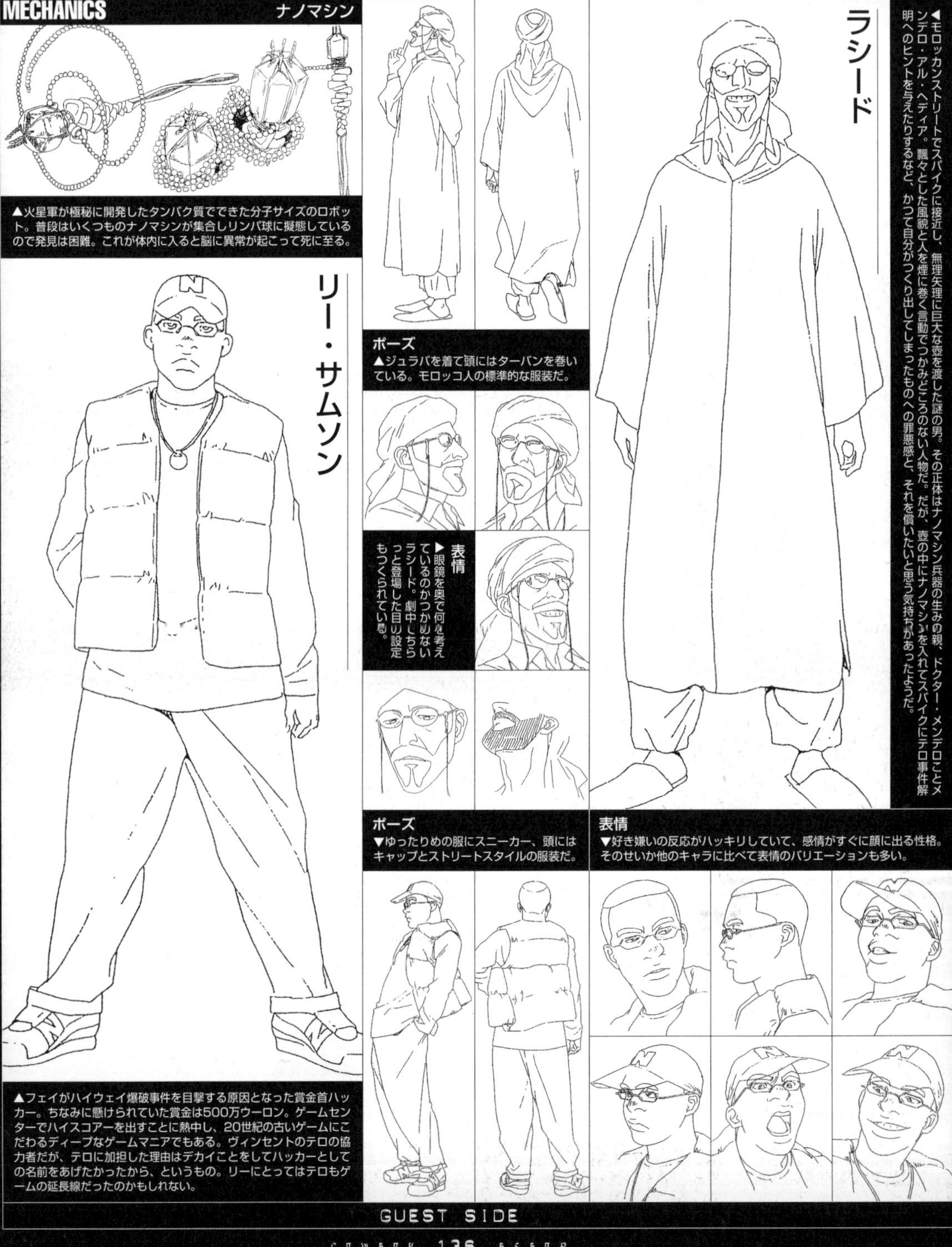

ナノマシン

▲火星軍が極秘に開発したタンパク質でできた分子サイズのロボット。普段はいくつものナノマシンが集合しリンパ球に擬態しているので発見は困難。これが体内に入ると脳に異常が起こって死に至る。

ラシード

◀モロッカンストリートでスパイクに接近し、無理矢理に巨大な壺を渡した謎の男。その正体はナノマシン兵器の生みの親、ドクター・メンデロことメンデロ・アル・ヘディア。飄々とした風貌と人を煙に巻く言動でつかみどころのない人物だ。だが、壺の中にナノマシンを入れてスパイクにテロ事件解明へのヒントを与えたりするなど、かつて自分がつくり出してしまったものへの罪悪感と、それを償いたいと思う気持ちがあったようだ。

ポーズ

▲ジュラバを着て頭にはターバンを巻いている。モロッコ人の標準的な服装だ。

表情

▶眼鏡を奥で何を考えているのかつかめないラシード。劇中ちらっと登場した目の設定もつくられている。

リー・サムソン

▲フェイがハイウェイ爆破事件を目撃する原因となった賞金首ハッカー。ちなみに懸けられていた賞金は500万ウーロン。ゲームセンターでハイスコアーを出すことに熱中し、20世紀の古いゲームにこだわるディープなゲームマニアでもある。ヴィンセントのテロの協力者だが、テロに加担した理由はデカイことをしてハッカーとしての名前をあげたかったから、というもの。リーにとってはテロもゲームの延長線だったのかもしれない。

ポーズ

▼ゆったりめの服にスニーカー、頭にはキャップとストリートスタイルの服装だ。

表情

▼好き嫌いの反応がハッキリしていて、感情がすぐに顔に出る性格。そのせいか他のキャラに比べて表情のバリエーションも多い。

表情
▲刑事としては、ちょっと頼りなさが漂う表情に、シャドキンスの性格が出ている。

MECHANICS

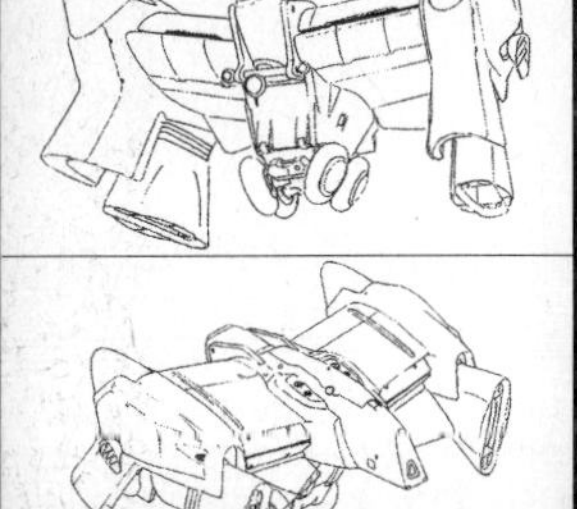

I.S.S.P.強襲艇
▲I.S.S.P.の対テロ部隊が水道プラント制圧に使用した特殊な飛行艇。機体の下に突撃要員が乗った小型のバギーが付属し、飛行したままでそれを切り離し地上に送り出して敵を急襲する仕組になっている。

シャドキンス

▲ホフマンとともに事件を担当した刑事。いかにも現場で鍛えられたタイプのホフマンに比べ、経験は浅い感じ。役回りのせいもあり、本編ではもっと間の抜けた表情が多かった。

ホフマン

▲テロ事件を担当したI.S.S.P.の刑事。次々と起こる事件に振り回された挙げ句、ヴィンセントの先回りをしたつもりがまんまと罠にはめられ悲惨な目に遭う。

表情
▲いかつい顔で、場数を踏んだ現場一筋のデカ、といった感じがにじみ出ている。

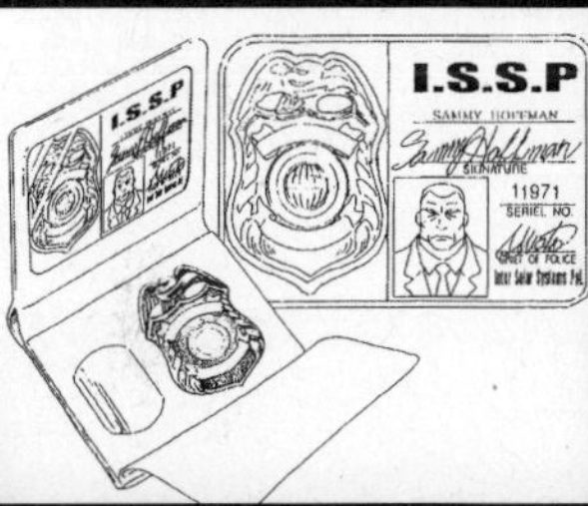

IDカード
▲I.S.S.P.の刑事がもつ身分証明書。顔写真のついたIDカードとバッジがセットだ。

MECHANICS

パトカー

▼バンタイプの警察車両。ちなみに登場する車はすべて電気自動車で、排気管がないことに注目！

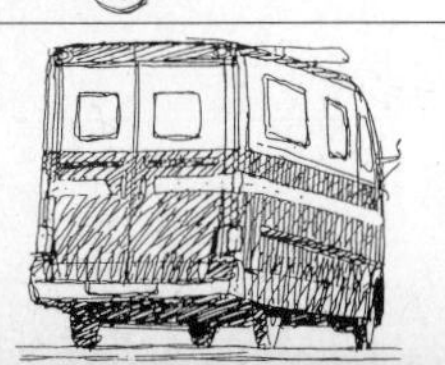

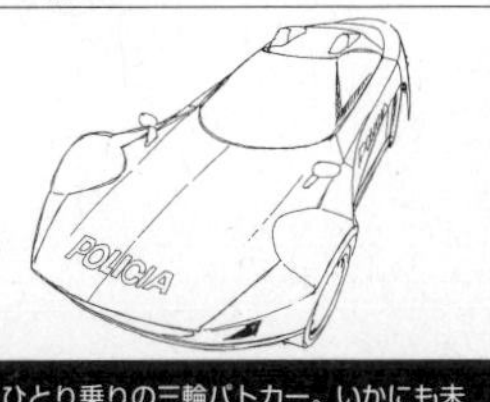

▲ひとり乗りの三輪パトカー。いかにも未来的なユニークなフォルムをしている。

▼小型車をベースにした、いわゆるミニパト。これもI.S.S.P.ではポピュラーなタイプ。

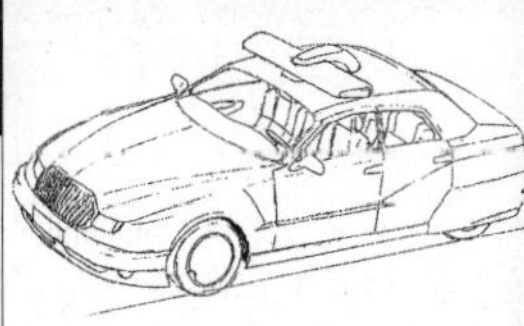

▲I.S.S.P.では最もポピュラーなタイプの4ドアセダンのパトカー。警官たちの足として活躍する。

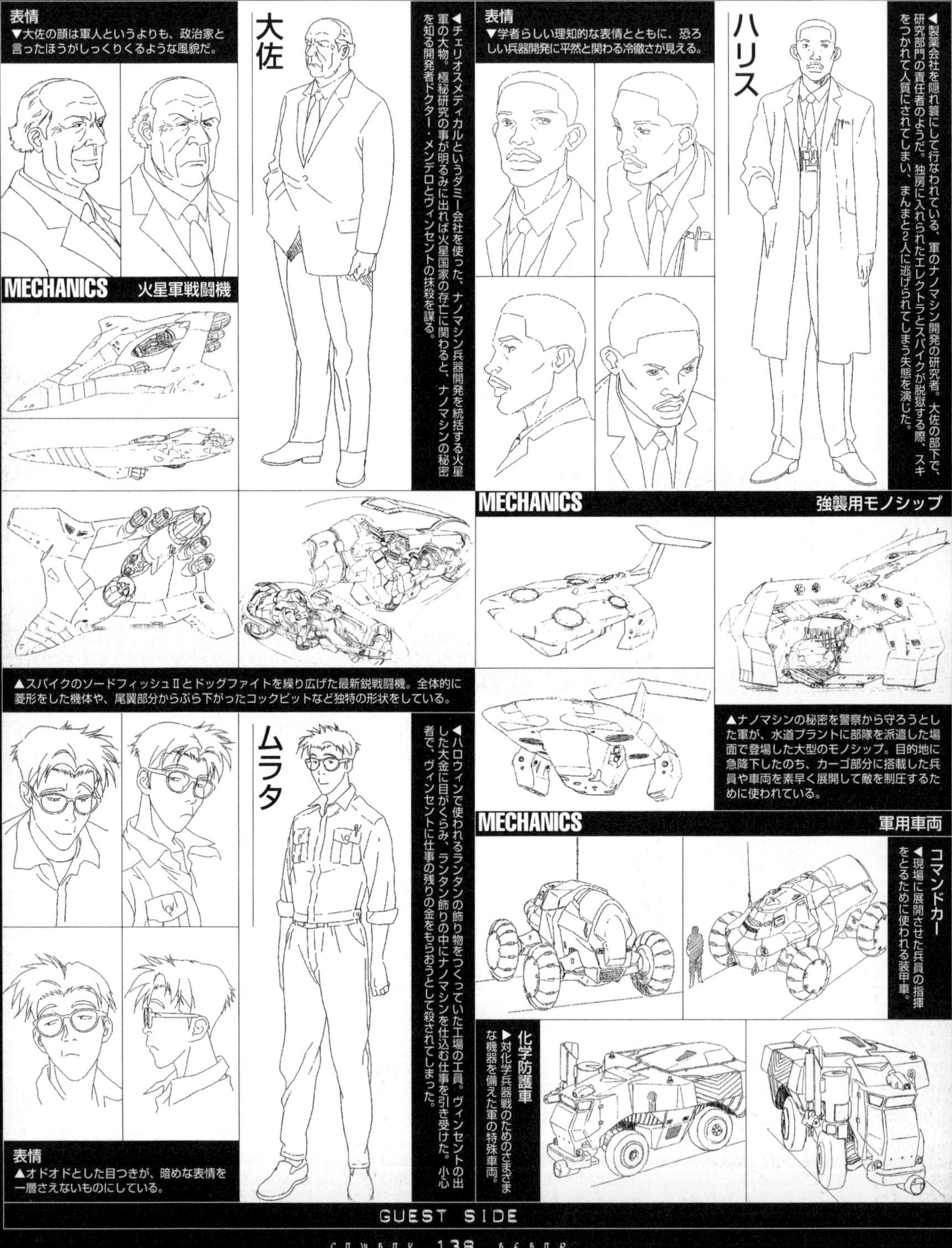

大佐
表情
▼大佐の顔は軍人というよりも、政治家と言ったほうがしっくりくるような風貌だ。
◀チェリオスメディカルというダミー会社を使った、ナノマシン兵器開発を統括する火星軍の大物。極秘研究の事が明るみに出れば火星国家の存亡に関わると、ナノマシンの秘密を知る開発者ドクター・メンデロとヴィンセントの抹殺を謀る。
MECHANICS 火星軍戦闘機
ハリス
表情
▼学者らしい理知的な表情とともに、恐ろしい兵器開発に平然と関わる冷徹さが見える。
◀製薬会社を隠れ蓑にして行なわれている、軍のナノマシン開発の研究者。大佐の部下で、研究部門の責任者のようだ。独房に入れられたエレクトラとスパイクが脱獄する際、スキをつかれて人質にされてしまい、まんまと2人に逃げられてしまう失態を演じた。
MECHANICS 強襲用モノシップ
▲スパイクのソードフィッシュⅡとドッグファイトを繰り広げた最新鋭戦闘機。全体的に菱形をした機体や、尾翼部分からぶら下がったコックピットなど独特の形状をしている。
▲ナノマシンの秘密を警察から守ろうとした軍が、水道プラントに部隊を派遣した場面で登場した大型のモノシップ。目的地に急降下したのち、カーゴ部分に搭載した兵員や車両を素早く展開して敵を制圧するために使われている。
ムラタ
◀ハロウィンで使われるランタンの飾り物をつくっていた工場の工員。ヴィンセントの出した大金に目がくらみ、ランタン飾りの中にナノマシンを仕込む仕事を引き受けた。小心者で、ヴィンセントに仕事の残りの金をもらおうとして殺されてしまった。
表情
▲オドオドとした目つきが、暗めな表情を一層さえないものにしている。
MECHANICS 軍用車両
コマンドカー
◀現場に展開させた兵員の指揮をとるために使われる装甲車。
化学防護車
▶対化学兵器戦のためのさまざまな機器を備えた車の特殊車両。
GUEST SIDE

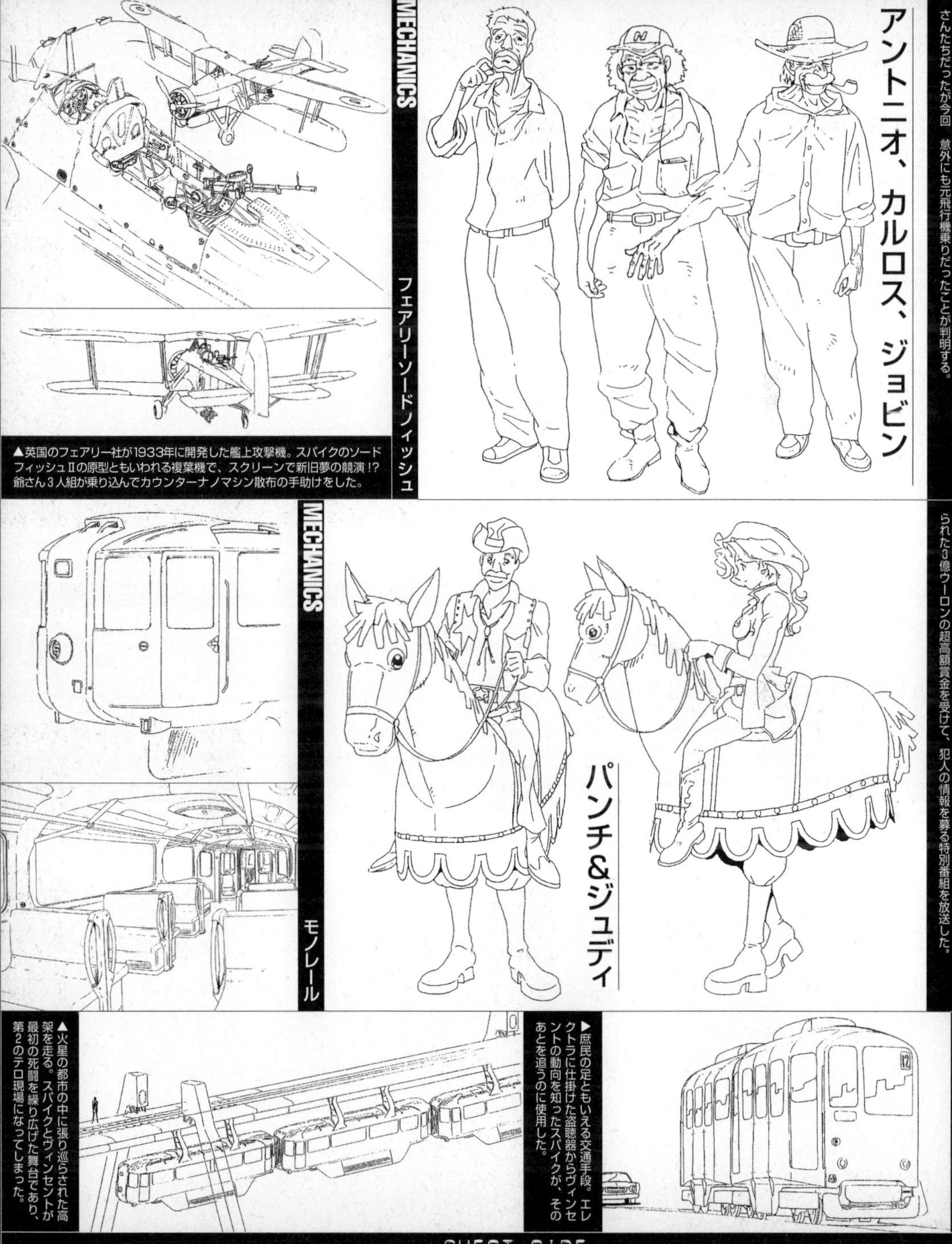

▲TV版にもたびたび登場し、とぼけた会話でいい味を出していた3人組。正体不明の爺さんたちだったが今回 意外にも元飛行機乗りだったことが判明する。

▲英国のフェアリー社が1933年に開発した艦上攻撃機。スパイクのソードフィッシュⅡの原型ともいわれる複葉機で、スクリーンで新旧夢の競演!? 爺さん3人組が乗り込んでカウンターナノマシン散布の手助けをした。

▲おなじみ賞金稼ぎのための番組「BIG SHOT」の司会者コンビ。爆破テロ犯に懸けられた3億ウーロンの超高額賞金を受けて、犯人の情報を募る特別番組を放送した。

▲庶民の足ともいえる交通手段。エレクトラに仕掛けた盗聴器からヴィンセントの動向を知ったスパイクが、そのあとを追うのに使用した。

▲火星の都市の中に張り巡らされた高架を走る。スパイクとヴィンセントが最初の死闘を繰り広げた舞台であり、第2のテロ現場になってしまった。

GUEST SIDE

AFTER WORDS 渡辺信一郎
shinichiro watanabe

「COWBOY BEBOP」を最初つくるときに考えていたのは、「誇り」ということについてだった。

たとえば、サンフランシスコで会った路面電車の運転手のオヤジは、自分の仕事に
誇りを持っていた。まるで自分がいなけりゃこの世は成り立たん、といったふうに堂々と
していた。彼は、「お前は、何ものなんだ」と聞いた。

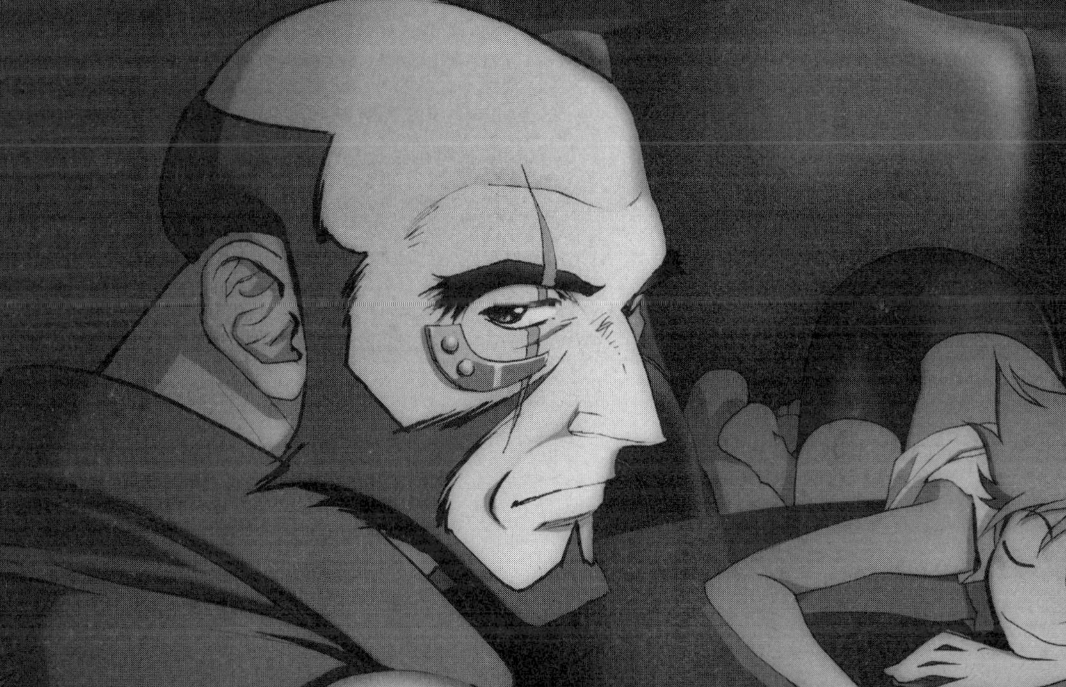

たとえば、アムステルダムで会った英国人の女の子は、各地を放浪してると言っていた。
気さくだけど、とても誇り高く、生き生きとしていた。彼女は、「アンタは何してる人？」と聞いた。

自分たちはどうだろうか、と考えた。自分のやっていることに、誇りを持っているだろうか。
「アニメ」と縁もゆかりもない人にでも、堂々と見せられる作品を作っているだろうか。
たとえ条件が悪かったとしても、その中でやれる限りのことをやり尽くせば、
悔いることはないんじゃないか。
そんなことを考えていた。

この作品にはいろんなアラも失敗もあるけれど、自分としてはやれる限りやったと思う。
願わくば、この作品に関わった人たちがそれを誇れるような作品になっていることを。
そして、この作品を見た人たちが、そんな何かを感じ取ってくれることを。

明／川崎浩充／内田眞樹／TASK◇TOMOYUKI FUZIWARA／PRASERT TONGKHOM／VENIT MITRSANTHEA／BADINTR MUDLA／WANDEE WIJITTHAMASAN／JIRAPORN ROJANAPHANICH／星山企画◇朴珖模／石吉燮／洪晨兒／孔 珍／梁聖珍／金蘭英／JWM◇朴文姫／李銀兒／朴美英／崔眞姫／李性珍／李賢美／C&S◇林鐘烈／朴恵年／金正勳／朴相佑／全恵眞／朴敬順／廉訓植

色彩設計：中山しほ子

色指定：中山しほ子／岸 好子／松本貴子／村上芳枝／長尾朱美／堀川直子

セル検査：水巻みゆき／石川直樹／伊藤良樹／森山敦子／奥井志美子／佐々木尚子／スタジオアルファ／スタジオ九魔／スタジオトイズ／スタジオエル

仕上：エムアイ◇西岡知保／手嶋明美／井上 泉／河村 徹／安藤有由美／菅野真由美／上村貴子／鈴木美穂／高橋友子／袴田純子／後藤ゆかり／上田みず恵／中川 恵／今井亜希／大谷道代／柏田真治／金澤みどり／清水綾香／滝川ひかる／楢崎義隆／前田江里子／溝河茂徳／山崎久美子／金月梨香／加藤里恵／吉沢さやか／吉田春加／野間口麻美／石川佳代／岡本ひろみ／井上昭子／斉藤知津江／中尾総子／菊地和子／平出真弓／村上智美／佐藤美由紀／三上和廣／米田真一／坂井麻美／マルチアクセスカンパニー◇中村ゆかり／徳本幸代／福武真美／寺沢逸子／タイム◇藤巻淳子／加藤明美／篠原由美子／松本由美／マーサ◇SLAMET RAVIAH MUTEMAH SULASTRA／アニメワールド大阪◇米田 愛／檀上貴美子／西脇洋平／佐々木美和／スタジオOM青森ワークス◇成田照美／田村未来／高橋葉子／小沢澄子／ピーコック◇末永康子／金沢律子／吉原千晴／五十嵐淳子／ライトフット◇今泉ひろみ／黒木智子／毛利美保／長沼和美／スタジオOZ◇磯崎昭彦／細谷明美／野口直美／清水文子／スタジオアルファ◇内山智栄子／谷路しず江／諸富孝子／中沢敦／MSJ武蔵野制作所／飛龍動画◇陳軍英／楊文勇／趙国軍／孫海燕／韓 宝／楊建剛／方 春／周 潔／星山企画／D.R MOVIE

特殊効果：マリックス／干場豊／長谷川敏生／谷口久美子／鈴木さち／榊原豊彦

タイトル・リスワーク：マキ・プロ

撮影監督：大神洋一

撮影：アニメフィルム／杉澤義雄／大神麻美／市川 智／丸橋勢津子／熊谷正弘／山田廣明／鈴木浩司／倉田佳美／木次美則／福田 寛／手塚智鶴子／小川滋見／伊藤久美子／伊藤修一

DIGITAL PART

デジタル撮影監督：須貝克俊

3DCGディレクター：半澤 剛

CG制作：スタジオ・イプセ◇野本力／荒木宏文／今村幸也／宮原洋平／松田範雄／塩谷孝浩 松谷領真／鈴木 一／安齋順子／椎馬 眞／笹田勇二／千野夏／和田光弘／大谷誠志／南東寿幸／本柳有美

デジタルワークス：小田川幹雄／チャッピィ

設定協力：金子隆一／小林伸光／今掛 勇／河森正治

OPENING STAFF

絵コンテ・演出：沖浦啓之

原画：沖浦啓之／西尾鉄也

背景：平田秀一／河野 羚

色彩設計：片山由美子

コンポジット：楠美直子

タイポグラフィー：山田大補（ステロタイププロダクト）

メインタイトル：上杉季明（マッハ55号）

編集：掛須秀一

編集助手：板部浩章／芝関美和子／神野 学

音楽：菅野よう子

演奏：シートベルツ

音楽プロデューサー：佐々木史朗／太田敏明

音楽ディレクター：井上裕香子

音楽エンジニア：薮原正史

音楽宣伝：伊藤将生

音楽制作：ビクターエンタテインメント

音楽制作協力：ボーダーライン

音響監督：小林克良

音響効果：倉橋静男

アシスタント：長谷川卓也（サウンドボックス）

アフレコスタジオ：APUスタジオ

ミキサー：内山敬章

アシスタントミキサー：山本寿

ダビングスタジオ：東京テレビセンター

チーフミキサー：薮原正史

1stアシスタント：住谷 真

2ndアシスタント：堀田英二

リーレコ：阿部耕二／上田太士

音響制作：オーディオ・プランニング・ユー

音響制作デスク：加藤知美／山口さやか

デジタル光学録音：西尾昇／ドルビーデジタル

フィルム：コダック

現像：東京現像所

制作デスク：渡辺マコト

設定制作：鳥羽 聡

制作進行：天野直樹／安川 勝／阿部 貴／加川大地／津村米紀／山本亜由美／末永淳子

アニメーション制作：ボンズ

エグゼクティブプロデューサー：吉井孝幸／角田良平

プロデューサー：植田益朗／南雅彦／高梨 実

アシスタントプロデューサー：湯川淳／植木奈緒子

制作宣伝：若松強／本村好弘／桑島龍一

プロダクションアシスタント：佐々木新／望月克己

協力：谷 謙一／イク・モハメッド（ジャパンデジタルエンターテインメント）／MOHAMED EL-DESOUQI／TAO ZHEN YAN／降旗 剛／今村大祐／ジェイ・フィルム／バンダイホビー事業部／CLUB M／大日本技研／フロッグネーション

宣伝：ソニー・ピクチャーズエンタテインメント

エグゼクティブ・プロデューサー：青木桂子

チーフ・プロデューサー：堀越孝行

プロデューサー：田中史朗

宣伝協力：メイジャー／脇坂守一／小柳道代

配給：ソニー・ピクチャーズエンタテインメント

製作：サンライズ／ボンズ／バンダイビジュアル

監督：渡辺信一郎

STAFF & CAST

◆CAST

スパイク――山寺宏一
ジェット――石塚運昇
フェイ――林原めぐみ
エド――多田 葵
ホフマン――屋良有作
シャドキンズ――井上和彦
ハリス――小杉十郎太
本部長――有本欽隆
大佐――柴田秀勝
リー――上田祐司
ムラタ――飛田展男
スティーブ――小山力也
エレクトラ――小林 愛
アントニオ――平尾 仁
カルロス――中嶋聡彦
ジョビン――中 博史
パンチ――垂木 勉
ジョディ――長沢美樹
レンジィ――石橋蓮司
解析班A――秋元羊介
解析班B――一条和矢
骨董品屋店主――依田英助
キャスター――長嶝高士
ラシード――ミッキー・カーチス
ラフィング・ブル――小山武宏
ボブ――仲野 裕
レジの女――桑島法子
強盗A――天田益男
強盗B――菅原淳一
強盗C――千葉一伸
強盗D――小西克幸
オバさん――くじら
ライリー記者――村井かずさ
ヴィンセント――磯部 勉

◆STAFF

原作：矢立 肇
脚本：信本敬子
絵コンテ：渡辺信一郎
アクション絵コンテ：中村 豊／後藤雅巳／出渕 裕
ウエスタンシーン絵コンテ：岡村天斎
絵コンテ協力：小森高博／川元利浩／入江泰浩
演出：武井良幸
演出助手：鳥羽 聡／佐藤育郎／福本 潔／森 邦宏
キャラクターデザイン：川元利浩
メカニックデザイン：山根公利
セットデザイン：竹内志保
ディスプレイデザイン：佐山善則
作画監督：川元利浩
メカニカル作画監督：後藤雅巳
アクション作画監督：中村 豊
作画監督補佐：逢坂浩司／富岡隆司／伊藤嘉之／吉田健一／斎藤恒徳／伊藤岳史
原画：伊藤岳史／村木 靖／吉田健一／斎藤恒徳／富岡隆司／伊藤嘉之／宮田忠明／横山彰利／鈴木典光／岡村天斎／豊 健秋／安藤真裕／長谷部敦志／後藤雅巳／今掛 勇／馬越嘉彦／高橋英樹／新井浩一／増永計介／佐藤雅将／阿保孝雄／江本正弘／大塚 健／斎藤 久／福世孝明／山岸徹一／竹内浩志／工藤誉寿治／神戸洋行／玉川達文／都留稔幸／江口寿志／板野一郎／村瀬修功／佐野浩敏／竹内志保／川口 隆／水野知己／森下博光／河野利幸／小松英司／外崎春雄／伊藤良太
作画監督協力：横山彰利／岡村天斎／安藤真裕／鈴木典光／豊 健秋／宮田忠明／長谷部敦志
レイアウト：竹内志保／武半慎吾
レイアウト協力：鈴木博文／佐山善則
美術監督：森川 篤
美監補佐：浅井和久
背景：本間 匠／磯部泰久／土師勝弘／澁谷麗子／吉崎正樹／板倉佐賀子／太田清美／若松英司／柴田正人／長嶋哲彦／松本浩樹／岡田和夫／斉藤雅己／菅野孝信／岩崎清宏／大橋則子／芳野満雄／鳴海博光／申玉 澈／浅井和久／森川 篤／GREEN◇青井 孝／中村典史／佐々揚子／酒井達也／杉山理絵／菱沼由典／ビックスタジオ◇中山恭子／TEAM'S ART◇奉 夏 權／李 容 相／李 恵 娟／辛 賢 美／金 美 京
デジタルワーク：木下和宏
動画チェック：岩長幸一
サブチェッカー：島田悌三／阿武恵子／山本みどり
動画：島田悌三／阿武恵子／山本みどり／渡辺妙子／高橋祐子／平出差知予／大塚美穂／守屋保子／竹ノ内節子／鈴木富美子／橋本純一／神山富美江／山口 旭／柳生智寿／横田和彦／楠 知津子／吉玉理子／伊藤幸子／増井 泉／岡村 隆／田中 嘉／畑 明日香／吉田 綾／高森富子／高柳久美子／楊佩純／吉川友美子／たくらんけ◇蟾川貴弘／小池智史／菅原正朋／二羽雄大／川田栄三／GAINAX◇丸山 友／田中春香／榎本花子／スタジオアド◇山崎敦子／亦野賢治／田辺謙司／小野田貴之／阿部千恵子／山田義和／加藤 愛／柴田恵実／池田弦司／小峰正頼／スタジオウォンバット◇小野木三斉／磯崎有紀美／杉田葉子／大山伸吾／鴨志田奈緒／井上健太郎／スタジオコクピット◇杉山典子／相川真理子／甲斐紀子／鈴木洋美／上野千夏／村松さつき／船本優美／香川美智子／本舘 耐／スタジオライブ◇石渡清美／倉狩真吾／小野田将人／すたじおガッシュ◇高橋暁史／新井達郎／スタジオディーン◇村田睦明／中川雅文／中野圭哉／熊田明子／金原廣子／田畑壽之／RADIX◇尾山景子／坂本千代子／添田直子／鈴木聡志／岡本綾子／ZERO-G-ROOM名古屋スタジオ◇竹内直美／長谷川友香／山田博之／高橋 亮／前田英範／鈴木 恵／アニメワールド大阪◇桂 仁志／山本浩代／小梶慎也／大下知之／木村都彦／大梶博之／アクセル◇北島 愛／アニメTOROTORO◇谷平久美子／山浦由加里／スタジオライン◇櫻井 司／桑原智也／XEBEC◇松村拓哉／高橋陽子／ビィートレイン◇佐々木睦美／榊原智康／加藤久美子／城田美香／玉本幸太郎／原田美由紀／アングル◇見崎仁美／福島憲子／酒井利行／重松鉄兵／シナジージャパン◇野口博善／萩原祥子／吹野太郎／ラジカル・パーティー◇寺田眞佐子／スタジオファンタジア◇大村英巨／ラストハウス◇山本智代／三輪和宏／酒井強至／岡本恭江／奥真由美／猪俣利枝／動画工房◇松田哲明／林田 薫／満仲 勧／ティー・エヌ・ケー◇西橋直子／人見由紀子／アニメ浪漫◇藤田聖／アニメハウス◇八代紀美子／可知進一／白石順子／マーサ◇MULYON PASEK FIRMANTO／ARIMBAWA SYAIFUDDIN ARTA／D.R.MOVIE◇尹明姫／黄順阿／鄭蓮希／趙鉉美／金成愛／徐金淑／鄭炫守／安美京／朴英淑／北京写楽美術芸術品有限公司◇韓 穎／王立明／趙香春／陳永峰／田咏梅／牛文伶／周紅武／周鵬程／関若玉／巌 怡／白 川／スタジオ九魔◇前田清

【イラスト初出】
カバー　オリジナル描きおろし
P002-003　月刊ニュータイプ2000年12月号
P028-029　オリジナル描きおろし
P042-043　オリジナル描きおろし
P072-073　オリジナル描きおろし
P104-105　オリジナル描きおろし
P114-115　月刊ニュータイプ1999年11月号
P140-141　月刊ニュータイプ2001年2月号

編　集◆榎本郁子（角川書店）
編集補助◆飯塚天心（角川書店）
構　成◆古川耕
執　筆◆古川耕／小嶋一司
撮　影◆野上茂
カバー・本文イラスト◆川元利浩
装幀・デザイン◆早川徹
THANKS（五十音順）◆サンライズ／バンダイビジュアル
／ビクターエンタテインメント／ボンズ
SPECIAL THANKS◆南雅彦／渡辺信一郎／信本敬子
／ALL STAFFS OF COWBOY BEBOP

NEWTYPE PRESENTS
COWBOY BEBOP KNOCKIN' ON HEAVEN'S DOOR

2001年11月25日初版発行

発行人◆井上伸一郎

発行所◆株式会社角川書店
〒102-8177　東京都千代田区富士見2-13-3
営　業◆03-3238-8530
編　集◆03-3238-8567
振　替◆00130-9-195208
製　版◆株式会社ローヤル企画
印　刷◆共同印刷株式会社
製　本◆本間製本株式会社

ISBN4-04-853382-7　C0076